Benedetta Bonatti

La letteratura per l'infanzia e la traduzione

D1823751

Benedetta Bonatti

La letteratura per l'infanzia e la traduzione

Analisi del testo e metodi di traduzione

Edizioni Accademiche Italiane

Impressum / Stampa

Bibliografische Information der Deutschen Nationalbibliothek: Die Deutsche Nationalbibliothek verzeichnet diese Publikation in der Deutschen Nationalbibliografie; detaillierte bibliografische Daten sind im Internet über http://dnb.d-nb.de abrufbar.
Alle in diesem Buch genannten Marken und Produktnamen unterliegen warenzeichen-, marken- oder patentrechtlichem Schutz bzw. sind Warenzeichen oder eingetragene Warenzeichen der jeweiligen Inhaber. Die Wiedergabe von Marken, Produktnamen, Gebrauchsnamen, Handelsnamen, Warenbezeichnungen u.s.w. in diesem Werk berechtigt auch ohne besondere Kennzeichnung nicht zu der Annahme, dass solche Namen im Sinne der Warenzeichen- und Markenschutzgesetzgebung als frei zu betrachten wären und daher von jedermann benutzt werden dürften.

Informazione bibliografica pubblicata da Deutsche Nationalbibliothek (Biblioteca Nazionale Tedesca): la Deutsche Nationalbibliothek novera questa pubblicazione su Deutsche Nationalbibliografie. Dati bibliografici più dettagliati sono disponibili in internet al sito web http://dnb.d-nb.de.
Tutti i nomi di marchi e di prodotti riportati in questo libro sono protetti dalla normativa sul diritto d'Autore e dalla normativa a tutela dei marchi. Questi appartengono esclusivamente ai legittimi proprietari. L'uso di nomi di marchi, di nomi di prodotti, di nomi famosi, di nomi commerciali, di descrizioni dei prodotti, ecc. anche se trovati senza un particolare contrassegno in queste pubblicazioni, sono considerati violazione del diritto d'autore e pertanto non possono essere utilizzati da chiunque.

Coverbild / Immagine di copertina: www.ingimage.com

Verlag / Editore:
Edizioni Accademiche Italiane
ist ein Imprint der / è un marchio di
OmniScriptum GmbH & Co. KG
Heinrich-Böcking-Str. 6-8, 66121 Saarbrücken, Deutschland / Germania
Email / Posta Elettronica: info@edizioni-ai.com

Herstellung: siehe letzte Seite /
Pubblicato: vedi ultima pagina
ISBN: 978-3-639-60948-6

Copyright © 2014 OmniScriptum GmbH & Co. KG
Alle Rechte vorbehalten. / Tutti i diritti riservati. Saarbrücken 2014

INDICE

CAPITOLO 3: COMMENTO ALLA TRADUZIONE

INTRODUZIONE

Con questo lavoro di tesi di laurea magistrale mi sono proposta di affrontare la traduzione di un libro per l'infanzia dal tedesco all'italiano, nello specifico il testo di Kirsten Boie *Der kleine Ritter Trenk und der Große Gefährliche* (2011), rivolto a bambini di età compresa fra i cinque e i sei anni e appartenente alla tipologia dei *Vorlesebilderbücher*, ossia quei testi arricchiti dalle illustrazioni e scritti per essere letti ad alta voce da un adulto a un bambino. Nell'approcciarmi a questo genere narrativo ho potuto constatare l'importanza che hanno per i bambini la lettura e la letteratura, e ho considerato quelle caratteristiche distintive della letteratura rivolta ai bambini, da non ritenere come tipo di scrittura minore rispetto a quella dedicata agli adulti. È per questo che per l'analisi del testo di *Der kleine Ritter Trenk und der Große Gefährliche*, che non mira al solo intrattenimento del bambino, mi avvalgo anche di studi di tipo estetico e psicologico che approfondiscono il genere della letteratura per l'infanzia.

La struttura della tesi si articola su tre capitoli. Nel primo capitolo introduco l'autrice del libro, Kirsten Boie, elenco i premi e i riconoscimenti da lei ottenuti e che mostrano il ruolo importante che ricopre la letteratura per l'infanzia nel panorama tedesco, inoltre presento sia la produzione letteraria sia quella saggistica che introduce alla sua specifica idea di letteratura. Prendendo in considerazione la sua produzione letteraria ho potuto individuare, in particolare, oltre alle diverse tipologie testuali, tre raggruppamenti tematici: i testi che affrontano la quotidianità del bambino, quelli che si basano sulla fantasia e quelli che affrontano problematiche sociali e familiari.

Il secondo capitolo presenta il testo da me tradotto, la saga *Der kleine Ritter Trenk* a cui esso appartiene e un'analisi puntuale del testo qui preso in esame sottolineando quanto sia significativo il ricorso alla serialità per l'autrice. In un primo momento contestualizzo il luogo e il tempo nei quali si svolge il racconto e rifacendomi a John Stephens utilizzo il termine "medievalismo". A seguito di ciò, dopo una breve presentazione della trama di *Der kleine Ritter Trenk und der Große Gefährliche* e la descrizione dei suoi personaggi principali, dimostro l'appartenenza del testo alla corrente contemporanea della fiaba postmoderna. Nella prima parte del paragrafo dedicato a questo argomento mi rifaccio agli studi sulla fiaba di Bruno Bettelheim, Vladimir Propp e John R. R. Tolkien per indicare gli elementi del testo qui preso in esame che si collegano ancora al modello di fiaba tradizionale, mentre nella seconda parte espongo quelli che se ne discostano; in particolare approfondisco gli aspetti carnevaleschi e grotteschi del testo, avvalendomi anche dell'opera di Michail Bachtin; analizzo infine gli interventi del narratore, che divido in tre "tendenze": i commenti dedicati alle abitudini dell'epoca, quelli riguardanti le azioni del racconto nello specifico e quelli di cui si serve il narratore per tranquillizzare, istruire o ammonire il destinatario della storia. Alla conclusione del capitolo prendo invece in considerazione alcuni elementi di intertestualità.

Il terzo capitolo è il commento alla traduzione da me svolta a fini di studio ed è organizzato in due parti: nella prima affronto l'argomento della traduzione per l'infanzia in generale e nella seconda tratto poi alcune problematiche traduttive caratterizzanti il testo. Nello specifico la resa in italiano dei nomi propri, la funzione comunicativa del testo che porta spesso a degli adattamenti nel testo di arrivo, sia a livello sintattico che lessicale, e l'importanza delle illustrazioni, nel loro doppio ruolo di intrattenimento e di sostegno alla traduzione nei casi di ambiguità presenti nel testo.

CAPITOLO 1: KIRSTEN BOIE E LA LETTERATURA PER L'INFANZIA

1.1. *Kirsten Boie: Cenni biografici*

Kirsten Boie nasce il 19 marzo del 1950 ad Amburgo, città nella quale ha sempre vissuto e continua tuttora a vivere. Dopo la maturità, studia germanistica e anglistica all'Università di Amburgo e per circa un anno, grazie a una borsa di studio, va a studiare in Inghilterra all'Università di Southhampton; si laurea poi nel 1978 in letteratura tedesca nell'Università della sua città natale con una tesi sulla prosa del primo Bertolt Brecht.

Dal 1978 al 1983 insegna letteratura tedesca al liceo del quartiere Oldenfelde, e in seguito si trasferisce per sua volontà in una scuola media paritaria nella zona di Mümmelmannsberg sempre ad Amburgo. Con l'adozione del suo primo figlio però, per volere dell'ufficio assistenza minorenni, deve abbandonare l'insegnamento e inizia così la sua carriera di scrittrice per l'infanzia. Nel 1985 esce il suo primo libro *Paule ist ein Glücksgriff*, che diventa subito un successo editoriale.

Dal 1985 ad oggi Boie ha scritto più di un centinaio di libri per bambini e ragazzi ed è una delle scrittrici più rappresentative e famose per la letteratura per l'infanzia e per ragazzi della Germania. Oltre al suo lavoro di scrittrice, porta avanti iniziative di promozione e diffusione della lettura dell'infanzia in tutto il mondo per conto del Goethe-Institut[1], e più in generale è impegnata attivamente sul fronte della *Leseförderung*; infatti la scrittrice si impegna a promuovere e diffondere l'abitudine alla lettura tra i bambini e i ragazzi, partendo dal presupposto che, in una società nella quale i computer e la televisione hanno soppiantato in larga parte il libro come mezzo

---

[1] Il Goethe-Institut ha dato inizio a un progetto atto a promuovere e diffondere la letteratura tedesca per l'infanzia in tutto il mondo tramite presentazioni di libri e letture pubbliche nelle numerose sedi del Goethe-Institut. Questo progetto rientra in uno più ampio di diffusione di tutta la letteratura nata e creata in Germania. Informazioni tratte dal sito http://www.goethe.de

di conoscenza e intrattenimento, ormai nemmeno più i genitori incentivano il figlio a leggere, essendo essi stessi i primi a trascurare l'attività della lettura.[2]

1.2. Poetica, *metodo di scrittura, tipologie testuali e raggruppamenti tematici*

Per Kirsten Boie ci sono due aspetti principali da tener presenti quando si scrive un libro per l'infanzia: il primo aspetto da non sottovalutare è quello di considerare sempre la letteratura per l'infanzia come letteratura vera e propria e non come genere inferiore rispetto alla letteratura per adulti. Il secondo aspetto riguarda invece il fatto che uno scrittore non dovrebbe mai dimenticare a chi si rivolge.

Per quanto concerne il primo pensiero, esso si colloca all'interno di una discussione che va avanti da tempo, infatti fin dal XIX secolo questo genere letterario è sempre stato sottovalutato e non gli è mai stata riconosciuta pari dignità della letteratura per adulti. Un primo motivo di questo stato di cose potrebbe essere attribuito al fatto che la letteratura per l'infanzia viene considerata ancora oggi come infantile, ovvero ingenua e immatura, e legata puramente ed esclusivamente alla fantasia. Come afferma lo scrittore inglese Peter Hunt: «Childhood is what we grow away from, and, very often reject.»[3] Secondo Hunt l'adulto vedrebbe la propria infanzia come un periodo di vita ormai distante con cui non ha più niente a che fare, che non lo influenzerebbe più; resterebbe solo un mero ricordo.

Collegandomi al secondo pensiero, per Boie la letteratura è comunicazione cercata e voluta e come per ogni forma di comunicazione è necessario tenere costantemente presente coloro ai quali ci si rivolge. Ogni fascia di età ha specifiche capacità di comprensione e assimilazione, perciò a ognuna deve essere dedicato un particolare modo di esprimere e narrare una storia; per esempio, più piccolo è il bambino che

---

[2] Per un approfondimento del tema *Leseförderung* si veda l'ultimo paragrafo del presente capitolo.
[3] P. Hunt, "A subject for the New Millenium: Children's Literature" in L. Tosi, ed., *Hearts of Lightness: the Magic of Children's Literature*, Venezia, Cafoscarina 2001, pp.15-24, qui p. 16.

legge, più il testo deve essere esplicito e allo stesso tempo deve avere un linguaggio più semplice, senza che con semplicità si intenda trivialità.[4]

Sia che affronti la tipologia testuale dell'albo illustrato o del libro per bambini, sia che affronti la tipologia del romanzo per ragazzi, Kirsten Boie afferma nei suoi saggi e nelle sue interviste di non perdere mai di vista il suo lettore ideale e soprattutto di non porsi in atteggiamento di superiorità nei confronti del bambino; l'autrice non carica le situazioni né di pathos né di moralismo, aspetto molto importante questo per far sì che il lettore si goda appieno la lettura e il corso della storia pur riuscendo ad imparare qualcosa e ad assimilare indirettamente, senza alcun tipo di costrizione o forzatura visibile, un eventuale messaggio che l'autrice vorrebbe trasmettere, perché come ricorda anche Bruno Bettelheim «il messaggio è efficace fintanto che viene comunicato non come morale o precetto, ma in modo casuale tendente a indicare che la vita è così.»[5] Anche per questo i racconti della Boie vengono per lo più narrati dal punto di vista del protagonista-bambino con cui i giovani lettori possono immedesimarsi e affrontare i loro piccoli o grandi problemi attraverso gli occhi di un loro coetaneo; infatti nella maggior parte dei casi l'età dei protagonisti dei racconti o dei romanzi coincide con la fascia d'età indicata dei possibili lettori.

Nel saggio di Kirsten Boie *Wir sollten den Kindern dabei helfen, zu Lesern zu werden! Zur besonderen Bedeutung der Erstlesebücher*, l'autrice afferma che per raggiungere i suoi obiettivi narrativi affronta la stesura di un libro con un metodo preciso: normalmente prima di iniziare un suo lavoro ha già un'idea in mente e una concreta voglia di scrivere che può scaturire da un tema in particolare, una richiesta o una figura che la faccia divertire e la incuriosisca; ogni spunto ritenuto da lei interessante può essere motivo di scrittura, il percorso naturalmente si distingue da libro a libro. Da qui poi sviluppa la sua storia, i personaggi e la forma più adatta per quel determinato racconto. Infine ricerca il tono adatto, di modo che tutti gli elementi

---

[4] Per un quadro generale dell'idea espressa da Kirsten Boie, cfr. B. Dankert, *Leidenschaft und Disziplin. Kirsten Boies Kinder- und Jugendbücher 1985-2010*, Bibspider, Berlin 2010.
[5] B. BETTELHEIM, *Il mondo incantato. Uso, importanza e significati psicanalitici delle fiabe*, Feltrinelli, Milano 1979 [1977], p. 36, (Da ora in poi citato mediante la sigla: *MI*).

che partecipano alla composizione di un testo siano dettati dalla necessità della trama e dalla dinamica delle idee nel processo di scrittura. Ammette tuttavia che, nonostante il progetto preparatorio, durante il processo di scrittura il racconto sviluppa continuamente una sua dinamica interna, così che si arricchisce di nuovi dettagli che lo rendono «rund, lebendig, anschaulich, manchmal auch lustiger oder trauriger»[6]. L'obiettivo principale sarebbe dunque quello di ottenere l'armonia del tutto.[7]

Le dichiarazioni poetologiche dell'autrice, che riguardano soprattutto la volontà di confrontarsi come scrittrice, e di conseguenza di far confrontare il lettore-bambino, con i temi narrativi più diversi, trovano riscontro nei testi veri e propri. Infatti, sulla base dell'analisi delle trame delle sue opere ho potuto individuare tre raggruppamenti tematici che si caratterizzano sia per gli argomenti toccati che per la modalità di scrittura di questa autrice: il raggruppamento legato alla quotidianità, quindi alla vita di tutti i giorni del bambino, alla scuola, agli amici, ai primi amori, alla vita in famiglia; il raggruppamento che ha come filo conduttore l'intreccio di realtà e fantasia; infine il più consistente, quello legato alle problematiche sociali o familiari.

Al primo raggruppamento, riguardante la quotidianità del bambino, appartengono soprattutto due tipologie testuali di libro: l'albo illustrato e la serie. Negli albi il filo conduttore è generalmente la quotidianità del bambino e le storie si svolgono ed esauriscono nell'arco di una giornata o sono ambientate in un unico luogo ben preciso e circoscritto; esempi di questo genere sono *Chaossommer mit Ur-Otto* (1998), *Alles ganz wunderbar weihnachtlich* (1992) o *Manchmal ist Jonas ein Löwe* (1989).

La serie è invece costruita sul principio di ripetitività, in una serie infatti ritornano libro dopo libro gli stessi luoghi e gli stessi personaggi, le stesse dinamiche d'azione e, a livello puramente linguistico, l'autrice fa ricorrere espressioni tipiche e la scrittura ha sempre le stesse caratteristiche; questo metodo coinvolge il bambino più piccolo che può fare così previsioni e immedesimarsi con il personaggio al quale si è appassionato. L'obiettivo perseguito è che i bambini ritrovino la propria vita nella

---

[6] K. BOIE, *Wir sollten den Kindern dabei helfen, zu Lesern zu werden! Zur besonderen Bedeutung der Erstlesebücher*, Buchhänler-Seminar, Hamburg 2001, p.7. [Da ora in poi citato mediante la sigla: *W*].
[7] Cfr. *Ibidem*.

finzione. Il linguaggio utilizzato è un linguaggio semplice con frasi brevi e lineari, e molto spazio viene dato alle illustrazioni. Ogni storia ha al centro il bambino e viene raccontata dall'autrice con l'utilizzo costante del *Witz*, concetto che racchiude in sé l'umorismo, l'arguzia e l'ironia. Importanti serie di questa tipologia sono quelle di *Juli* (1992), *Lena* (1994), *Linnea* (1999) e *Albert* (2004), nelle quali appunto al centro si ritrova la vita del bambino all'asilo e a scuola, con i suoi interessi e con i suoi amici. Rientra in questa tipologia anche il successo editoriale di *Kinder aus Möwenweg* (2000),[8] su cui ritornerò nell'ultima parte del presente capitolo.

Al secondo raggruppamento appartengono le storie che intrecciano elementi di realtà e di fantasia. Come in molta letteratura per l'infanzia, anche nei testi di Kirsten Boie la fantasia è intesa quale mondo parallelo in cui le leggi della realtà non valgono più o, almeno, sono sospese. In *Der durch den Spiegel kommt* (2001), la scrittrice attinge dalla tradizione della letteratura per bambini e utilizza la tecnica dello specchio come entrata e passaggio in un mondo parallelo a quello reale. Rientrano all'interno di questa tipologia alcuni racconti che possono essere definiti fiabe contemporanee, in quanto rivedono i modelli classici della fiaba popolare, come è il caso del racconto di *Prinzessin Rosenblüte wach geküsst* (2007), nel quale la Boie gioca con umorismo a rimodernare i motivi della fiaba tradizionale dei fratelli Grimm *Dornröschen*; in questa vicenda il mondo fantastico della principessa entra in contatto con il mondo reale.

Questi testi presentano caratteristiche della riscrittura fiabesca di cui parla Laura Tosi, docente di Letteratura Inglese all'Università Ca' Foscari di Venezia, a proposito di quella produzione letteraria indirizzata all'infanzia che sovverte i modelli tradizionali e li rinnova, adattandoli alle esigenze di un nuovo tipo di pubblico, quello contemporaneo, che vive in una società differente e che ha anche bisogno di nuovi stimoli per appassionarsi ai libri:

---

[8] Espongo le caratteristiche principali di questa serie nell'ultimo paragrafo del presente capitolo, in quanto significativo per capire al meglio le influenze letterarie di cui risente la scrittura di Kirsten Boie.

Tutta quella produzione che si confronta con i modelli della tradizione per sovvertirli, metterli in discussione, aggiornarli e dunque per renderli più rispondenti alle esigenze e alla visione del mondo di un mutato contesto storico-sociale. Per 'riscrittura' si intende una rielaborazione critica della fiaba: non semplicemente la trasmissione di una versione attraverso i secoli bensì la *manipolazione creativa* di temi e strutture delle fiabe 'classiche' della tradizione, una forma di adattamento che corregge, parodizza, decostruisce strutture e 'messaggio' del modello.[9]

I testi che rientrano in questa descrizione sono abitati da creature fantastiche che entrano nel mondo reale e da avvenimenti straordinari che avvengono in realtà consuete, come in *Nee! Sagte di Fee* (2000), nel quale gli elementi fiabeschi della fata che abita il bosco si vengono a scontrare con la realtà rappresentata dall'autostrada che si trova a pochi passi dal luogo incantato e in *Verflixt – ein Nix* (2003), in cui una sirena vive addirittura nella vasca da bagno di un bambino.

Il linguaggio delle opere appartenenti a questo gruppo è solitamente semplice e privo di particolari inflessioni gergali ma ciò che viene connotato diversamente è il modo di esprimersi di ciascun personaggio, per far sì che la storia e i suoi protagonisti non risultino piatti.

All'interno di questo raggruppamento rientrano non solo fiabe contemporanee e racconti fantastici ma anche libri d'avventura e gialli in cui i personaggi con la loro psicologia sono secondari ed è l'azione vera e propria ad essere al centro della narrazione. Tipici esempi di questo genere sono *Die Medlevinger* (2004) e *Skogland* (2005). Il primo è un giallo d'avventura ricco di elementi fantastici in cui si racconta di un popolo che da più di cinquecento anni vive sottoterra e ha interrotto tutti i possibili contatti con gli esseri umani, fino al giorno in cui, ed è qui che ha inizio la storia, due rappresentanti di quel popolo spariscono e devono essere cercati nel mondo reale, il nostro. Nel secondo libro invece si può parlare di un vero e proprio

---

[9] L. TOSI, *La fiaba letteraria inglese, dalle origini al postmoderno*, in F. Orestano (a cura di), *Tempi moderni nella children's Literature*, CUEM, Milano 2007, pp. 183-221, qui p.184.

Politthriller[10] ambientato in un regno fantastico, dove due popoli si scontrano in un mondo fittizio, ispirato alla realtà, per la conquista della libertà.

Al terzo e ultimo raggruppamento di libri scritti da Kirsten Boie appartengono quelli che rappresentano la realtà e le sue problematiche, per lo più sociali e familiari, vissute in prima persona o di rimando dal bambino-protagonista. Le tematiche principali toccate sono l'adozione, tematica molto cara alla scrittrice che adotta il primo figlio, in *Paule ist eine Glücksgriff* (1985), il bullismo in *Nicht Chicago. Nicht hier.* (1999), le malattie psichiche come la depressione che spesso si accompagnano all'incomunicabilità tra genitori e figli in *Mit Kindern redet ja keiner* (1990), nel quale ad essere affetta da questa patologia è la madre della protagonista. In *Lisas Geschichte, Jasims Geschichte* (1989) il tema trattato è invece quello dell'integrazione razziale e culturale; in *Mittwochs darf ich spielen* (1993) l'autrice avanza una sottile critica nei confronti dei genitori che, pur con le migliori intenzioni, difficilmente lasciano ai propri figli la possibilità di scegliere i propri interessi e si sentono in dovere di organizzare metodicamente le loro giornate. Grazie ai due ragazzi-protagonisti Tariq e Salomon, rispettivamente un musulmano e un ebreo, il romanzo *Alhambra* (2007) tratta i temi della guerra, del radicalismo, della tolleranza e dell'umanità.

Kirsten Boie descrive in queste opere il cambiamento di bambini e ragazzi in una società in continuo mutamento e per farlo si serve di uno sperimentalismo linguistico e di tecniche narrative come la rappresentazione di molteplici prospettive e salti temporali; l'utilizzo di più prospettive trova compimento nel romanzo *Erwachsene reden. Marco hat was getan* (1995), nel quale la storia di un ragazzino viene narrata da ben altri quindici personaggi che assistono agli eventi principali. Infatti la stessa autrice afferma a proposito della percezione della realtà che, anche per quanto riguarda la produzione narrativa dedicata agli adulti, in un momento storico come quello attuale in cui vengono a mancare la fiducia e la speranza nei confronti della realtà e delle sue strutture, un narratore onnisciente perde di significato e non riesce a

---

[10] Genere letterario che unisce le caratteristiche del libro giallo ad argomenti di stampo politico.

rappresentare al meglio il proprio universo. È proprio in queste circostanze che lo scrittore si affida allora ai salti temporali e a più narratori all'interno di una stessa vicenda :

> Für die Erwachsenenbelletristik wird das Thema seit Jahrzehnten diskutiert. Wo der Glaube an die Sinnhaftigkeit der Realität und ihrer Strukturen verloren gegangen ist, kann kein auktorialer Erzähler mehr glaubhaft chronologisch und monoperspektivisch sein Universum entfalten, angemessen erscheinen vielmehr Polyperspektivik und Zeitsprünge.[11]

I personaggi protagonisti delle storie appartenenti a questo terzo raggruppamento tematico pensano, sentono e si comportano come i bambini nella realtà che ci circonda; il narratore onnisciente scompare e si ha come l'impressione che il racconto si sviluppi in completa autonomia. Al contrario della tipologia precedente, in questo caso è il personaggio con la sua psicologia e interiorità, e non l'azione, ad essere al centro del racconto.

Quest'ultimo raggruppamento è sicuramente quello con cui Kirsten Boie preferisce confrontarsi come scrittrice di libri per bambini e ragazzi; per l'autrice la realtà con le sue problematiche da affrontare e i suoi continui cambiamenti ha un ruolo centrale per la stesura delle sue trame ed è fondamentale come mezzo per avvicinare il bambino il meno traumaticamente possibile a quelle situazioni che altrimenti lo disorienterebbero perché troppo legate a un mondo e a delle situazioni che lo circondano ma che ancora non riesce a capire a livello conscio:

> Darum wünsche ich mir einen Buchmarkt, der den Kindern ihre Soaps und Serien gönnt – aber gleichzeitig immer auch das Andere, das wagt, ihnen ein wenig mehr zuzumuten, und

---

[11] K. BOIE, *Kinderfiguren im Wandel. Ein Werkstattbericht*, 2007, http://www.kirsten-boie.de/material/reden-aufsaetze/kinderfiguren-werkstattbericht.pdf.

ihnen damit den Weg zu neuen Leseerfahrungen ebnet, und vor allem: Das ihnen hilft, ihre Welt besser zu verstehen und sie also handhabbarer zu machen.[12]

La scrittrice spinge qui la letteratura per l'infanzia oltre i propri limiti "tradizionali" e affronta quelle tematiche che spesso vengono considerate come dei tabù dalla maggior parte degli scrittori e dei critici che operano in questo ambito; l'ulteriore elemento positivo, come già espresso in precedenza, è il fatto che la Boie scriva con la più totale mancanza di moralismo e di pathos sentimentale.

L'atto della scrittura e della lettura vogliono quindi essere un processo di esplorazione e di conoscenza.

Boie vorrebbe che, grazie alle sue opere, il lettore osservasse con attenzione la propria realtà quotidiana e presente. Afferma inoltre di servirsi dei suoi libri come mezzo per aiutare e sostenere il bambino in questo percorso. È fondamentale che il lettore non si fermi alla pura e semplice comprensione del contenuto, bensì dovrebbe afferrare il senso ultimo e più profondo di ciò che viene narrato perché spesso la superficie non mostra tutta l'essenza del significato. I racconti dovrebbero quindi risvegliare delle sensazioni, dei ricordi, propri della vita del lettore-bambino che proietta nella storia le proprie esperienze e capisce di non essere l'unico a vivere determinate situazioni. Per far sì che un libro non diventi puro e semplice intrattenimento, ma che al contrario funga anche come mezzo per calarsi nella propria realtà e nel proprio mondo, e serva anche per capire meglio il mondo e la società che circondano il bambino, l'autrice dichiara di servirsi della propria esperienza diretta e delle proprie conoscenze:

Sehr schnell nämlich ist mir deutlich geworden, von welcher Fülle ganz unterschiedlicher Faktoren die Gestaltung der Kinder-Figuren (zumindest bei mir) abhängt, mit von Buch zu Buch unterschiedlicher Gewichtung: Von der tatsächlichen Realität der Kinder zu einer Zeit

---

[12] K. BOIE, *So viel Größenwahn muss sein! Kann Kinderliteratur die Welt verändern?*, Oetinger, Wien 2002.

zum Beispiel, vom gerade herrschenden Kindheitsbild [...], von meinen politischen, psychologischen und sonstigen Überzeugungen, von meinen Erfahrungen (vor allem früher als Kind und heute mit Kindern), von meinen Interessen und Möglichkeiten, meiner eigenen Lektüre (vor allem als Kind) und natürlich auch vom Genre. [...] Die Wirklichkeit, wie ich sie wahrnehme [, hat] beim Schreiben immer eine größere Rolle [...] als literarische Vorgaben [gespielt].[13]

1.3. Opere e premi

1.3.1. Opere

Per offrire un quadro complessivo della produzione letteraria di Kirsten Boie elenco di seguito tutte le sue opere, presentandole seguendo la suddivisione tipologica che ho delineato nel paragrafo precedente; all'interno di ciascuna suddivisione le opere indicate si susseguono cronologicamente, fatta eccezione per le serie che ho preferito mantenere unite per sottolinearne anche visivamente la continuità negli anni.

Questa presentazione schematica fa capire quanto la produzione dell'autrice sia rapida, costante e consistente; infatti più testi sono stati pubblicati addirittura nello stesso anno. Si può osservare anche che non si possono distinguere dei periodi per così dire tematici, poiché le diverse tipologie accompagnano alternandosi tutta la carriera dell'autrice dal 1985 ad oggi; al contempo si può notare come negli ultimi anni la sua attenzione si sia concentrate maggiormente sulla terza tipologia di racconto, quella riguardante le problematiche sociali e familiari.

Le case editrici con cui Boie ha pubblicato i suoi libri sono la Oetinger di Amburgo, con la quale ha collaborato maggiormente, la Beltz e la Fischer, con la sua collana *Schatzinsel* rivolta specificatamente ai bambini dal nome. Molte delle sue opere, principalmente albi illustrati e serie, hanno visto inoltre la partecipazione di ottimi illustratori: Silke Brix per *Lena* (1994-2006) e *King-Kong* (1989-2001); Jutta

---

[13] K. BOIE, *Kinderfiguren im Wandel. Ein Werkstattbericht*, 2007.

Bauer per *Juli* (1992-1999); Kathrin Engelking per *Möwenweg* (2000-2011)e Barbara Scholz per *Der kleine Ritter Trenk* (2006-2013).

Primo raggruppamento: la quotidianità

1988	*- Jenny ist meistens schön.*
1989	*- King-Kong, das Reisenschwein;*
	- King-Kong, das Geheimnisschwein;
	- King-Kong, das Zirkusschwein (1992);
	- King-Kong, das Liebesschwein (1993);
	- King-Kong, das Schulschwein (1995);
	- King-Kong, das Krimischwein (1998);
	- King-Kong, das Glücksschwein (2010);
	- King-Kong, Weihnachtsschwein (2011).
	- Manchmal ist Jonas ein Löwe.
1990	*- Möppel war gern Romeo.*
1992	*- Alles ganz wunderbar weihnachtlich.*
	- Kein Tag für Juli;
	- Juli, der Finder (1993);
	- Juli tut gutes (1994);
	- Juli und das Monster (1995);
	- Juli wird erster (1996);
	- Juli und die Liebe (1999).
1994	*- Vielleicht ist Lena in Lennart verliebt*;
	- Lena zeltet Samstagnacht (1996);
	- Lena hat nur Fußball im Kopf (1997);

15

- Lena möchte immer reiten (1998);

- Zum Glück hat Lena die Zahnspange vergessen
(2000);

- Lena fährt auf Klassenreise (2004);

- Lena wünscht sich auch ein Handy (2005);

- Lena hat eine Tierkümmerbande (2006).

1995   *- Sophies schlimme Briefe.*

                            - Eine wunderbare Liebe.

1998   *- Chaossommer mit Ur-Otto.*

1999   *- Linnea klaut Magnus die Zauberdose;*

                            - Linnea will Pflaster;

                            - Linnea geht ein bisschen verloren;

                            - Linnea findet einen Weisehund (2000);

                            - Linnea rettet Schwarzer Wuschel (2000);

                            - Linnea macht Sperrmüll (2001);

                            - Linnea macht Sachen (2002);

                            - Linnea schickt eine Flaschenpost (2003).

2000   *- Kinder aus dem Möwenweg;*

                            - Sommer im Möwenweg (2002);

                            - Geburtstag im Möwenweg (2003);

                            - Weihnachten im Möwenweg (2005);

                            - Ein neues Jahr im Möwenweg (2008);

                            - Geheimnis im Möwenweg (2010);

                            - Ostern im Möwenweg (2011).

2004   *- Albert macht Quatsch;*

                            - Albert geht schlafen;

                            - Albert ist eine Katze (2005);

                            - Albert spielt Verstecken (2005).

Secondo raggruppamento: Intreccio di realtà e fantasia

1992   - *Der kleine Pirat.*

1995   - *Prinzessin Rosenblüte*;
                - *Prinzessin Rosenblüte wach geküsst* (2007).

1996   - *Ein Hund spricht doch nicht mit jedem.*

2000   - *Nee! Sagte die Fee.*

2001   - *Der durch den Spiegel kommt.*

2003   - *Verflixt – ein Nix*;
                - *Wieder Nix* (2007);
                - *Nix wie weg* (2010).

2004   - *Die Medlevinger.*

2005   - *Skogland*;
                - *Verrat in Skogland* (2008).

2006   - *Der kleine Ritter Trenk*;
                - *Der kleine Ritter Trenk und der Große Gefährliche* (2011);
                - *Der kleine Ritter Trenk und das Schwein der Weisen* (2012);
                - *Der kleine Ritter Trenk und fast das ganzen Leben im Mittelalter* (2012);
                - *Der kleine Ritter Trenk und der gemeine Zahnwurm*(2013);
                - *Der kleine Ritter Trenk und der Turmbau*

zu Babel (2013).

2009	- *Seeräuber-Moses.*
2012	- *Der Junge, der Gedanken lesen konnte.*

Terzo raggruppamento: Problematiche sociali e familiari

1985	- *Paule ist ein Glücksgriff.*
1986	- *Mit Jakob wurde alles anders.*
1989	- *Lisas Geschichte, Jasims Geschichte.*
1990	- *Das Ausgleichkind.* - *Mit Kindern redet ja keiner.*
1992	- *Ich ganz cool.* - *Kirsten Boie erzählt vom Angsthaben.*
1993	- *Mittwochs darf ich spielen.*
1994	- *Klar, dass Mama Anna/Ole lieber hat.* - *Nella-Propella.*
1995	- *Erwachsene reden. Marco hat was getan.*
1997	- *Der Prinz und der Bottelknabe oder Erzählt mir von Dow Jones;* - *Prinz und Bottelknabe oder Das Tauschgeschäft* (2009).
	- *Man darf mit dem Glück nicht drängelig sein.*

1999	*- Nicht Chicago. Nicht hier.*
2001	*- Kerle mieten oder Das Leben ändert sich stündlich.*
2002	*- Joseph Schaf will auch einen Menschen.*
2003	*- Monis Jahr.*
2007	*- Alhambra.*
2008	*- Ein mittelschönes Leben.*
2010	*- Jannis und der ziemlich kleine Einbrecher.* *- Ringel, Rangel, Rosen.*
2013	*- Es gibt Dinge, die kann man nicht erzählen.*

Lo schema precedente non contempla quei racconti di Kirsten Boie che sono entrati a far parte di miscellanee comprendenti storie di altri scrittori come Paul Maar o Astrid Lindgren. Le raccolte sono: *Warten auf Weihnachten* (2003); *Geschichten zum Lachen, Träumen und Kuscheln* (2004); *Kerzenschein und Weihnachtszauber* (2004); *Die schönsten Märchen von gestern und heute* (2005); *Fußball ist klasse!* (2006); *Die schönsten Geschichten zum Vorlesen von ...* (2006); *Mein Bilderbuchschatz* (2006); *Abrakadabra und Ahoi!* (2007); *Die schönsten Geschichten für die Kleinen* (2007); *Die schönsten Geschichten zu Weihnachten* (2007); *Mein Bilderbuchschatz. Von Tieren, Träumen und wahren Freunden* (2007); *Von Drachen und Mäusen* (2008); *Und dann ist wirklich Weihnachten* (2010).

Ogni raccolta, a parte quelle specificatamente dedicate al Natale, ha come tema principale la sfera della fantasia nella quale fanno la loro comparsa streghe, fate, pirati e cavalieri, o l'amicizia e la famiglia. La maggior parte di queste antologie,

19

rivolte a una fascia di età dai quattro anni in su, è stata pensata e creata apposta per la lettura ad alta voce fatta dall'adulto al bambino[14].

Va ricordato che molti testi e racconti della Boie, come per esempio la saga di *Möwenweg* o *Die Medlevinger*, hanno conosciuto la loro fortuna anche nel formato di audiolibri, che spesso hanno visto la creazione di altri racconti legati a quei personaggi non presenti in formato cartaceo. Alcuni, inoltre, hanno ricevuto dei riconoscimenti dalla *Schallplattenkritik*[15], ovvero, un premio della critica musicale che si divide in ventinove categorie che comprendono appunto anche quella dei CD e DVD per l'infanzia e per ragazzi.

1.3.2. *Premi e riconoscimenti*

A conferma della grande popolarità della scrittrice e dei suoi libri riporto di seguito i premi di cui è stata insignita, i riconoscimenti e le nomine ricevute. Da questa elencazione emerge innanzitutto la grande varietà di manifestazioni dedicate alla letteratura per l'infanzia in Germania, o comunque nei Paesi di lingua tedesca, aspetto significativo per capire il ruolo socio-culturale che ricopre questo genere narrativo, tanto che esiste anche un premio federale conferito dal Ministero Federale per la Famiglia, gli Anziani, le Donne e i Giovani. L'importanza di Kirsten Boie come affermata scrittrice per bambini e ragazzi è riconosciuta però anche a livello internazionale: diverse sono le sue nomine all'importante premio internazionale Hans-Christian-Andersen e nel 1999 è nominata anche per il premio UNESCO della letteratura per l'infanzia in grado di veicolare i valori della tolleranza.

Tuttavia, dalla grande quantità e varietà di riconoscimenti dedicati alla letteratura per l'infanzia e dalle numerose liste stilate a fini di marketing, si nota anche quanto questo genere letterario sia diventato un fenomeno commerciale, in un campo, quello delle vendite appunto, che purtroppo non sempre premia la qualità dei testi ma che punta principalmente ad invogliare i genitori a comprare sempre più libri.

---

[14]Sull'importanza del *Vorlesen* si veda il paragrafo conclusivo del presente capitolo.
[15] Cfr. http://www.schallplattenkritik.de .

Paule ist ein Glücksgriff
1985

- 01/1985 *Ehrenliste des Österreichischer Kinder- und Jugendbuchpreis* (una lista dei quindici libri per l'infanzia e per ragazzi più rappresentativi in Austria);
- 03/1986 Libro del mese per la *Deutsche Akademie für Kinder- und Jugendliteratur* (Accademia tedesca per la letteratura dell'infanzia e per ragazzi).

Jenny ist meistens schön friedlich
1988

-01/1988 *Kalbacher Klapperschlange* (premio organizzato dal quartiere Kalbach-Riedberg di Francoforte e conferito in base alla decisione di una giuria composta da bambini).

Prinzessin Rosenblüte
1995

-01/1995 *Die Kinder- und Jugendbuchliste* (Lista composta da nove libri e tre audiolibri considerati rilevanti per la letteratura per l'infanzia; stilata ogni quattro anni da Radio Bremen e dal Saarländischer Rundfunk, supportati da una giuria di bambini).

Lena hat nur Fußball im Kopf
1996

- 01/1996 Consigliato dalla giuria per l'infanzia dei Paesi Bassi;
- 06/1998 Libro per bambini più amato in Svezia 7-9 anni.

Nicht Chicago. Nicht hier.
1999

- 01/1999 *Sieben Beste- Zürcher Kinderbuchpreis La vache qui lit* (tra i sette migliori libri secondo il mercato editoriale per ragazzi di Zurigo);
- 03/1999 Premio *Fällt aus dem Rahmen*;

21

	- 04/1999 *Die Kinder- und Jugendbuchliste.*
Joseph Schaf will auch einen Menschen 2002	- 09/2002 Albo illustrato del mese per la *Deutsche Akademie für Kinder- und Jugendliteratur*;
	- 03/2003 *White Ravens* (Lista compilata annualmente dalla libreria digitale internazionale per la letteratura giovanile);
	- 06/2007 *Tierfreundlichstes* (*PETA Deutschland*), premio dato al libro che maggiormente si dimostra a favore degli animali.
Monis Jahr 1986	-04/2004 *Die Kinder- und Jugendbuchliste.*
Die Medlevinger 2004	- 06/2004 *Die Kinder- und Jugendbuchliste*;
	- 05/2006 *Evangelischer Buchpreis* (premio conferito in base a proposte fatte dai lettori ai libri che facciano riflettere con una luce nuova su noi stessi, su chi ci circonda e sulla nostra vita con Dio).
Der kleine Ritter Trenk 2006	-01/2007 *Heidelberger Leander* (premio per la letteratura per l'infanzia conferito all'autore o all'autrice che in modo particolare ha aperto il mondo dei libri ai bambini).
Alhambra 2007	-11/2007 *Die Kinder- und Jugendbuchliste*;
	- 06/2008 *Die Bremer Besten* (premio della letteratura per l'infanzia della città di Brema).

Ringel, Rangel, Rosen 2010	- *Gustav-Heinemann-Friedenpreis* (premio conferito al libro che si è posto come veicolo di tolleranza e coraggio civile).

Diversi sono anche i premi a cui la scrittrice è stata nominata:

Paule ist ein Glücksgriff 1985	- 01/1986 nominato per il *Deutscher Jugendliteraturpreis* (premio della letteratura giovanile conferito dal Ministero Federale per la Famiglia, gli Anziani, le Donne e i Giovani).
Mit Jakob wurde alles anders 1986	- 01/1987 nominato per il *Deutscher Jugendliteraturpreis*.
Klar das Mama Anna/Ole lieber hat 1993	- 01/1993 nominato per lo *Eulenspiegelpreis* (premio della città di Schöppenstedt conferito a un albo illustrato in lingua tedesca).
Nicht Chicago.Nicht hier 1999	- 01/2000 nominato per il *Deutscher Jugendliteraturpreis*; - 01/2001 nominato per il premio UNESCO per la letteratura per l'infanzia e per ragazzi.
Die Medlevinger 2004	-02/2005 nominato per il *MARTIN Kinder- und Jugendliteraturpreis* (premio conferito al miglior libro giallo per bambini e ragazzi).

Kirsten Boie, inoltre, non è stata premiata o nominata solo per i singoli libri, ma anche per l'intera sua opera:

- 10/2007 *Deutscher Jugendliteraturpreis* (premio tedesco per la letteratura giovanile);

- 10/2008 Riceve il *Wildweibchenpreis der Reichelsheimer Sagen- und Märchentage* (premio per la letteratura per l'infanzia e per ragazzi che viene assegnato ogni anno dal comune di Reichelsheim nell'ambito delle giornate delle fiabe e delle saghe);

- 11/2008 *Großer Preis der Deutschen Akademie für Kinder- und Jugendliteratur* (premio letterario bavarese consegnato alle personalità che si sono distinte nella promozione della letteratura per l'infanzia);

- Nell'ottobre del 2011 il presidente della Repubblica Federale Tedesca l'ha insignita con la croce al merito di prima classe; conferita come ricompensa per meriti acquisiti nel servizio del Paese, della collettività, in ambito economico, sociale o culturale;

- Viene nominata anche per ben tre volte, nel 1999, 2001 e 2002 per il premio letterario internazionale Hans-Christian-Andersen; noto anche come il "Piccolo Premio Nobel" della narrativa per l'infanzia. Questo premio viene conferito ogni due anni come riconoscimento a un contributo duraturo alla letteratura per l'infanzia e l'adolescenza.

1.4. *Presentazione della produzione saggistica*

Il fatto che Kirsten Boie non limiti la sua scrittura a una sola tipologia testuale e al contrario esplori e affronti diverse tematiche che spaziano dalla fantasia alla realtà, dai mondi paralleli alle problematiche sociali e familiari passando per la quotidianità del bambino, è indice di quanto sia importante per lei presentare al bambino come al ragazzo molteplici sfaccettature della realtà, senza per questo trascurare il lato fantastico che permetterebbe di sviluppare una delle componenti fondamentali proprie di una persona, l'immaginazione. Di fronte a queste tipologie il lettore dovrebbe maturare la consapevolezza di sé e del mondo con cui si trova a confrontarsi.

Boie ha espresso in alcuni saggi[16] la sua idea di letteratura per l'infanzia. Grazie a questi saggi, oltre che ai discorsi che ha tenuto in occasione di numerose conferenze sul tema e alle interviste che ha rilasciato, è possibile approfondire il pensiero e la pratica di scrittura di questa autrice che in quasi trent'anni di carriera si è sempre impegnata per la promozione di una letteratura per l'infanzia in costante cambiamento per stare al passo con le esigenze delle nuove generazioni. La maggior parte delle argomentazioni trattate in questi testi ruota intorno al suo impegno nell'ambito della *Leseförderung*.

L'autrice ritiene che la letteratura per l'infanzia sia un importante mezzo per la crescita del bambino e del ragazzo, in quanto avrebbe un effetto diretto sulla personalità e sul processo di formazione e in più favorirebbe la presa di coscienza di sé. Ella è infatti dell'opinione che i libri influenzino l'esistenza, preparino il terreno a nuove idee, ne fissino delle altre: essi farebbero sì che ci si ponga delle domande e soprattutto sarebbero in grado di suscitare emozioni profonde.[17] È quindi fortemente convinta della necessità che il bambino e il ragazzo si debbano confrontare con ogni tipo di argomento, quindi non solo con quelli piacevoli o divertenti, ma anche con tematiche che li facciano riflettere su se stessi e sulla società in cui si vivono.

Il pensiero della Boie ricalca per molti aspetti quanto già ricordava Bruno Bettelheim a riguardo della fiaba nel suo *Il mondo incantato*[18] :

---

[16] K. BOIE, *Frag doch einfach das Kind in dir. Kirsten Boie verabschiedet sich von Astrid Lindgren: "Sie war die Meisterin der Poesie des Einfachen"*, Feuilleton, in Die Welt, 02.02.2002.
- *Ich glaube an den Apfel. Bücher können Weichen stellen und Meinungen festlegen – oder etwa nicht? Eine Betrachtung von Kirsten Boie*, (Beilage „Kinder, Kinder!"), in Frankfurter Rundschau, Frankfurt am Main, 28.03.1995.
- *Kinder brauchen Bilderbücher*, in Die Welt, 29.11.2005.
- *So viel Größenwahn muss sein! Kann Kinderliteratur die Welt verändern?*, Oetinger, Wien 2002.
- *Wir sollten den Kindern dabei helfen, zu Lesern zu werden! Zur besonderen Bedeutung der Erstlesebücher*, Buchhänler-Seminar, Hamburg 2001.

[17] Cfr. K. BOIE, *Ich glaube an den Apfel. Bücher können Weichen stellen und Meinungen festlegen – oder etwa nicht? Eine Betrachtung von Kirsten Boie*, (Beilage „Kinder, Kinder!"), in Frankfurter Rundschau, Frankfurt am Main, 28.03.1995.
[18] È significativo che la Boie ricarlchi con il titolo del suo saggio *Kinder brauchen Bilderbücher* il titolo della traduzione tedesca dell'opera di Bettelheim *Kinder brauchen Märchen*, prendendone spunto per alcuni dei suoi precetti fondamentali, come l'importanza che il bambino affronti, grazie alla lettura, anche le proprie paure.

Perché una storia riesca realmente a catturare l'attenzione del bambino, deve divertirlo e suscitare la sua curiosità. Ma per poter arricchirne la vita, deve stimolare la sua immaginazione, aiutarlo a sviluppare il suo intelletto e chiarire le sue emozioni, armonizzarsi con le sue ansie e aspirazioni, riconoscere appieno le sue difficoltà, e nel contempo suggerire soluzioni ai problemi che lo turbano. In breve, essa deve toccare contemporaneamente tutti gli aspetti della sua personalità, e questo senza mai sminuire la gravità delle difficoltà che affliggono il bambino, anzi prendendone pienamente atto, e nel contempo deve promuovere la sua fiducia in se stesso e nel suo futuro.[19]

E inoltre:

Così facendo, il bambino adegua un contenuto inconscio a fantasie consce, che poi gli permettono di prendere in considerazione tale contenuto. È qui che le fiabe hanno un valore senza pari: offrono nuove dimensioni all'immaginazione del bambino, dimensione che egli sarebbe nell'impossibilità di scoprire se fosse lasciato completamente a se stesso. Cosa ancora più importante, la forma e la struttura delle fiabe suggeriscono al bambino immagini per mezzo delle quali egli può strutturare i propri sogni ad occhi aperti e con essi dare una migliore direzione alla propria vita.[20]

I racconti e i romanzi di Kirsten Boie sembrano prefiggersi proprio questi obiettivi, divertono e intrattengono, allo stesso tempo accompagnano il bambino passo dopo passo nello svolgersi della trama e si caratterizzano per il profondo impatto formativo che intendono esercitare su di lui. La ricchezza di immagini proposte stimola la fantasia così che il lettore possa intessere nuove proiezioni intorno alla storia. La descrizione e l'approfondimento di tematiche diverse facilita la rappresentazione delle emozioni e il loro sviluppo; emozioni che il bambino-lettore può riconoscere a livello inconscio come proprie e trarne spunto per la propria vita.

Nella letteratura della Boie il bambino è posto al centro del racconto e non viene mai trattato con superiorità; come detto sopra, l'autrice rifugge il pathos e il sentimentalismo e affronta ogni racconto con umorismo ed empatia, intesa quest'ultima come partecipazione diretta alla vita e alla dimensione del bambino.

---

[19] B. BETTELHEIM, *MI*, pp. 10-11.
[20] *Ibidem*, p.12.

Stando a quanto afferma nei suoi saggi, l'empatia deriva da una precisa modalità di scrittura che si basa sul ricordo dell'autrice delle esperienze e degli stati d'animo di quando era piccola: afferma che ogni minimo particolare le riporta alla mente sensazioni ed emozioni di un tempo passato vissuto in prima persona[21], e da un punto di vista narrativo, nei racconti che trattano le diverse problematiche sociali o familiari, il protagonista è quasi sempre il bambino. Nel caso invece di un personaggio adulto, il punto di vista o il pensiero sono comunque quelli del bambino e non dell'adulto.

Boie è fermamente convinta della capacità della letteratura di scavare nell'intimo più profondo del lettore, di conseguenza concepisce la scrittura e la lettura come processo di esplorazione; anche per questo al centro della sua produzione, come d'altronde in gran parte della letteratura per l'infanzia, si ritrova il concetto di identificazione del lettore con un determinato personaggio:

> Aber das Kind hat angefangen, sich zu identifizieren, und damit eine Fähigkeit erworben, die lebenslang eine wichtige Voraussetzung des genussvollen Lebens bleiben wird. Es hat gemerkt, dass die Bilder und die Geschichten in den Büchern etwas mit ihm zu tun haben, irgendwie.[22]

Con identificazione si intende generalmente un processo emotivo in cui il lettore, in questo caso il bambino o il ragazzo, come spesso accade all'adulto seppur magari in misura minore, si immedesima nel personaggio (che in genere, ma non necessariamente, è il protagonista) che attira maggiormente la sua attenzione e la sua simpatia, per modi di fare, azioni ed espressioni che più gli si avvicinano. A proposito di identificazione Roberto Denti afferma:

---

[21] Cfr. K. BOIE, *Wir sollten den Kindern dabei helfen, zu Lesern zu werden! Zur besonderen Bedeutung der Erstlesebücher*, Buchhänler-Seminar, Hamburg 2001.
[22] K. BOIE, *Kinder brauchen Bilderbüchern*, in Die WELT, 29.11.2005. Va ricordato che il titolo di questo saggio si rifà al titolo in tedesco dell'opera di Bruno Bettelheim *Kinder brauchen Märchen*. È l'oggetto della frase a cambiare; per Bettelheim i bambini hanno bisogno delle fiabe, per Kirsten Boie degli albi illustrati.

Anche in noi adulti la lettura di un romanzo porta a un processo di identificazione con i protagonisti. Per i bambini questo fenomeno è ancora più facile e immediato, perché ancora non si sono sviluppati certi meccanismi di controllo e di censura.[23]

L'immedesimazione coinvolge la personalità del bambino che si lascia trasportare nel racconto o nel romanzo che sta leggendo; è un sostegno che accompagna e conduce il lettore in un mondo nuovo fatto di fantasia e di realtà e che lo aiuta a maturare una consapevolezza di sé e di ciò che gli sta intorno.

Anche in questo caso la teoria della Boie ricorda quanto Bruno Bettelheim afferma ne *Il mondo incantato*, ossia che il bambino tenderebbe a identificarsi per lo più con l'eroe, non tanto perché prende una posizione in favore del bene e contro il male, ma perché prova simpatia per il personaggio: «il bambino s'identifica con l'eroe buono non a motivo della sua bontà ma perché la condizione dell'eroe esercita un forte richiamo positivo su di lui.»[24] Secondo questo pensiero l'identificazione porta con sé aspetti positivi che si ripercuotono sulla sensibilità e sulla percezione del lettore; essa viene inoltre considerata da Bettelheim come possibile metodo per sviluppare nel bambino un certo senso morale, stimolato dalla rappresentazione, tipica della fiaba popolare, del dualismo tra bene e male, dualismo che dovrebbe essere in qualche modo risolto:

> È l'eroe a risultare più attraente per il bambino, che s'identifica con lui in tutte le sue lotte. Grazie a quest'identificazione il bambino immagina di sopportare con l'eroe prove e tribolazioni, e trionfa con lui quando la virtù coglie la vittoria. Il bambino compie queste identificazioni da solo, e le lotte interiori e col mondo esterno dell'eroe istillano in lui il senso morale.[25]

---

[23] R. DENTI, *I bambini leggono*, Il castoro, Milano 2012 [1978], (Da ora in poi citato mediante la sigla: *BL*).
[24] B. BETTELHEIM, *MI*, p.15.
[25] *Ibidem*, p.15.

Kirsten Boie estremizza il pensiero espresso da Bettelheim arrivando addirittura a sostenere che la letteratura per l'infanzia possa cambiare una vita, indirizzandola verso una determinata direzione. Un racconto, secondo lei, può dare conforto, infondere coraggio, commuovere e il lettore proietterebbe in esso la propria esperienza personale; infatti fa sua la seguente dichiarazione pronunciata dallo scrittore per l'infanzia Andreas Steinhöfel in occasione della fiera del libro di Leipzig nel 2003:

> Bücher [können] Leben retten [...] – und diese Erfahrung gilt ja nicht nur für die Zeit der Pubertät, sie gilt genauso für vorher und hinterher und immer wieder. Wer hat nicht, vor allem als Kind [...] erlebt, wie ein Buch ihn getröstet, ihm Mut gemacht, ihn zumindest aus einer unerträglichen Situation heraus getragen hat? Natürlich leisten andere Medien Ähnliches – aber im Buch nimmt der Leser nicht ein fertiges Produkt (nur noch) entgegen, sondern ist an seiner Erschaffung mit seinen eigenen Erfahrungen beteiligt.[26]

L'autrice conferisce al testo un potere quasi salvifico, riconoscendo in esso la possibilità per il bambino di venire a contatto con l'esistenza di un mondo diverso dal suo col quale confrontarsi e, a seguito di questo confronto, migliorarsi.

Nel saggio *Ich glaube an den Apfel*[27] Kirsten Boie ricordando le sue esperienze di lettrice di letteratura, da bambina con *Pippi Calzelunghe* e *Tom Sawyer* e da ragazza con i testi di Heinrich Böll e Bertolt Brecht, afferma che per un certo periodo della sua vita ha più letto che vissuto e che queste letture hanno influito su tutta la sua vita successiva: «Und mein Leben, aber das ist eine Banalität, wäre natürlich anders verlaufen ohne diese Bücher und wahrscheinlich auch ohne die Hunderte anderer, an die ich keine Erinnerung mehr habe [...].»[28]

---

[26] K. BOIE, *So viel Größenwahn muss sein! Kann Kinderliteratur die Welt verändern?*, in 1000 und 1 Buch, n.2, Oetinger, Wien 05.2003.
[27] K. BOIE, *Ich glaube an den Apfel. Bücher können Weichen stellen und Meinungen festlegen – oder etwa nicht? Eine Betrachtung von Kirsten Boie*, (Beilage „Kinder, Kinder!"), in Frankfurter Rundschau, Frankfurt am Main 28.03.1995. [Da ora in poi citato mediante la sigla: *A*].
[28] *Ibidem*.

Sulla base di questo presupposto, Kirsten Boie sottolinea l'importanza degli *Erstlesebücher*, ovvero i libri pensati e realizzati appositamente per il bambino più piccolo che si accosta per la prima volta alla lettura e che viene accompagnato in questo percorso per lo più dal genitore che, leggendo il racconto ad alta voce, si pone come veicolo tramite il quale bambino e libro possono comunicare. Si può trattare anche di albi illustrati semplici, narrativi e non finzionali, «con strutture narrative poco articolate, immagini chiare e immediate, che presentano una prima successione di azioni.»[29]

L'importanza che la Boie conferisce al libro va in contro tendenza rispetto alla odierna diffusione incontenibile e dilagante dei computer, dei numerosi programmi e canali televisivi di genere. La scrittrice, infatti, nel saggio *Wir sollten den Kindern dabei helfen, zu Lesern zu werden!*[30] definisce il bambino di oggi *Mehrfach-Mediennutzer*[31] in quanto abituato a circondarsi dei più disparati apparecchi tecnologici, che soddisfano la sua voglia di intrattenimento domandandogli il minimo sforzo di riflessione ed eliminando ogni tipo di difficoltà. Tutto questo però a scapito della lettura che di certo è più difficoltosa in termini di apprendimento e concentrazione. È a questo punto che il libro letto ad alta voce da un genitore aiuterebbe il bambino, soprattutto in età prescolare, a capire che i libri contengono un qualcosa per cui vale la pena e vale lo sforzo leggerli.

Secondo l'autrice i libri rispetto a un film o a un cartone animato hanno molto più a che fare con la vita dei lettori e con i sentimenti. Infatti, questa la sua idea, ogni volta che il lettore incontra una determinata parola si risvegliano nel suo immaginario sentimenti, sensazioni e ricordi diversi; i libri avrebbero perciò la capacità di suscitare forti emozioni in quanto ciascuno di noi parteciperebbe in prima persona allo sviluppo di un racconto. È vero che si tratta dei personaggi e delle loro vicende, ma allo stesso tempo si tratta anche sempre di coloro che si approcciano al libro; senza il

---

[29] R. V. MERLETTI, G. PALADIN, *Libro fammi grande. Leggere nell'infanzia*, Idest, Campi Bisenzio 2012, p.74.
[30] K. BOIE, *W*, p. 1.
[31] Letteralmente "utente di molteplici mezzi di comunicazione".

lettore, le sue esperienze e il suo immaginario, il racconto non prenderebbe vita e rimarrebbe fine a se stesso.[32]

Spesso gli *Erstleselebücher* richiedono, soprattutto per la tenera età del bambino a cui si rivolgono, una lettura ad alta voce da parte del genitore. Il *Vorlesen* è quindi fondamentale per avvicinare il destinatario-bambino alla storia narrata. Secondo Roberto Denti l'approccio iniziale alla parola scritta va infatti compiuto nella primissima infanzia perché il bambino è incantato dalla voce dell'adulto che racconta. In questa particolare situazione il rapporto che si viene a creare tra genitore-lettore e bambino-ascoltatore è un rapporto di vicinanza, affetto e compartecipazione; entrambi si concentrano, seppur in modo differente, su un interesse comune ed è compito dell'adulto coinvolgere e rendere partecipe il bambino alla lettura, mostrandogli entusiasmo e gioia nell'atto della lettura e soprattutto imparando nuovamente, da adulto, a prendere sul serio questo tipo di letteratura, perché il bambino capisce il suo coinvolgimento o meno al racconto. Per usare le parole di Roberto Denti «avvicinare il bambino e il ragazzo alla parola scritta, come elemento di crescita e di acquisizione di esperienza, richiede da parte degli adulti uno sforzo preciso evitando di idealizzare ciò che contengono i libri.»[33]

Denti fa notare che nella maggior parte dei casi quello che interessa al genitore non corrisponde a ciò che interessa al bambino e che, ovviamente, più l'ascoltatore è piccolo più il colloquio con l'adulto durante la lettura deve essere dialogico e lontano dal testo, che in questo caso funge da pretesto in primis per lo sviluppo del linguaggio. Infatti il bambino può essere attratto da una determinata parola o da una determinata azione e da lì iniziare un discorso totalmente sconnesso dalla possibile trama del racconto. Sarà poi verso i cinque anni che il bambino imparerà che i libri raccontano una storia e sarà ansioso di sapere come quella storia si svilupperà e concluderà. Ed è qui che ha inizio il processo di identificazione vero e proprio cui ho accennato in precedenza. La qualità estetica di un libro, gli stili e gli schemi narrativi,

---

[32] Si veda K. BOIE, *Ich glaube an den Apfel. Bücher können Weichen stellen und Meinungen festlegen – oder etwa nicht? Eine Betrachtung von Kirsten Boie,* (Beilage „Kinder, Kinder!"), in Frankfurter Rundschau, Frankfurt am Main 28.03.1995.
[33] R. DENTI, *BL*, p.134.

1

saranno apprezzati solo in seguito, perché l'aspettativa, o meglio, ciò che il bambino desidera, soprattutto in età prescolare, è divertirsi, ritrovare nei libri un motivo di svago e intrattenimento.

La Boie considera il primo libro di grande importanza anche perché grazie alla sua lunghezza contenuta è quindi di più immediata comprensione per il bambino che ha la sensazione e la soddisfazione di poter affrontare tutto un testo, dall'inizio alla fine; sottolinea inoltre come i caratteri piuttosto grandi e l'interlinea utilizzata facciano apparire ogni singola pagina come qualcosa di facile e affatto problematico, e come la diffusa presenza delle illustrazioni non solo accorci il testo ma favorisca le pause, la motivazione e la curiosità nell'andare avanti a leggere. Non solo il primo libro, continua la Boie, potrebbe aiutare alcuni bambini che solitamente incontrano ostacoli nella lettura a superarli, facendo aumentare in loro l'orgoglio per le proprie capacità e facendoli acquistare sicurezza in se stessi, tanto da far scaturire in loro il desiderio di prendere in mano un altro libro e iniziare a leggerlo.[34]

La soddisfazione da sola però non basterebbe a stimolare nel bambino la voglia di leggere; il contenuto del libro deve essere divertente e accattivante. Ed è qui che, secondo l'autrice, entra in gioco l'autore con le sue responsabilità. Generalmente, le case editrici di genere forniscono delle norme specifiche per questo tipo di libri, o comunque, per i differenti gradi di difficoltà a cui appartengono le diverse fasce d'età; per esempio il numero di righe per pagina, il numero di parole oppure l'utilizzo delle sole frasi principali o meno. La Boie afferma che con queste implicazioni da tenere presenti è difficile per uno scrittore creare una storia avvincente. I suoi libri possono essere composti da venti pagine come da duecento, non per rispondere a norme editoriali, bensì perché è la storia stessa che le rivendica e l'autrice non farebbe altro che assecondare i bisogni della storia. Una lunghezza prestabilita non solo risulterebbe piatta e noiosa al lettore, ma implicherebbe anche minor spazio per la caratterizzazione indiretta dei personaggi[35]:

---

[34] Si veda K. BOIE, *W*, pp. 4-6.
[35] *Ibidem*.

Statt sie [die Figuren] im Prozess der Handlungsentwicklung einzuführen, sie also durch die Beschreibung ihrer Mimik, ihrer Gesten, einer Fülle kleiner Verhaltensweisen zu entwickeln, muss dem Leser häufig ganz direkt etwas über ihre Eigenschaften, ihre Fähigkeiten, Vorlieben und Abneigungen mitgeteilt werden [...][36]

Un altro aspetto importante di cui l'autrice tiene conto nella riflessione è il rischio che se il racconto non lascia spazio alla psicologia dei personaggi, invece di caratteri reali, essi possano divenire dei tipi. È necessario per lei chiedersi se quello che a un adulto può risultare piatto e triviale, risulti tale anche al bambino; infatti sempre secondo la scrittrice dal punto di vista del bambino al centro di una storia c'è l'azione e ci sono i personaggi; come accennato in precedenza, aspetti quali il linguaggio, lo stile, la resa estetica, il contesto storico e sociale vengono al contrario ignorati, perché non emergono ancora al livello della consapevolezza del bambino piccolo che non è ancora entrato nella sua fase logica ma è ancora in quella percettiva che trova la maggiore soddisfazione delle proprie esigenze nella rappresentazione di un mondo basato sulla magia e sulla fantasia. Il pensiero dell'autrice richiama di nuovo quanto scrive Bettelheim a proposito della percezione del bambino durante la lettura:

Per un bambino l'azione prende il posto della comprensione, e questo diviene sempre più vero a misura che i suoi sentimenti si fanno più intensi. Un bambino può aver imparato sotto la guida degli adulti a *esprimersi* in modo diverso da come sente, ma, secondo il suo modo di vedere, le persone non piangono perché sono tristi; piangono e basta.[37]

Kirsten Boie aggiunge comunque che questa non sempre è la regola, infatti, sarebbe significativo il fatto che alcune delle storie più di successo dell'ultimo decennio basano la loro capacità di intrattenimento sulla presentazione del mondo dei sentimenti di un bambino, riducendo al minimo indispensabile l'azione esterna vera e

---

[36] *Ibidem.*
[37] B. BETTELHEIM, *MI*, p.34.

propria. Anche testi di questo genere quindi interesserebbero il bambino, purché non si vada oltre le sue capacità di comprensione.

L'idea della Boie degli *Erstlesebücher* come sostegno alla crescita e allo sviluppo del bambino non fa altro che seguire una concezione di questo genere di libro ormai assodata. Già nel 1978 lo scrittore italiano Pinin Carpi intervistato da Roberto Denti nel suo libro *I bambini leggono* affermava con forza l'importanza dei libri per l'infanzia al fine della crescita del bambino:

> È ormai accettata da tutti l'affermazione freudiana che la persona si forma nella quasi totalità durante i primi anni di vita. Ne deriva che i libri per l'infanzia hanno sulla formazione un'influenza enormemente superiore a quella di qualsiasi opera per gli adulti. Su di noi ha certamente influito più *Pinocchio* che la *Divina Commedia*.[38]

Ma la domanda che la scrittrice si pone è se i bambini oggi leggano ancora o meno e in *Ich glaube an den Apfel* riporta alcuni dati risalenti al 1995 e riferiti alla Germania che rivelano una realtà editoriale in continua espansione: nuove case editrici sono state fondate, ogni anno vengono pubblicati più di seimila nuovi titoli, che corrispondono all'incirca a venti libri al giorno per ogni lettore ogni anno. Boie esprime tuttavia il timore che questi dati non siano necessariamente indici del fatto che oggi i bambini leggano più che in passato, ma che la crescita esponenziale dell'editoria per l'infanzia sia dovuta al fatto che forse sono le madri e i padri, gli zii e le zie, i nonni e le nonne a comprare libri per paura che i loro bambini non vogliano più leggere. Generalmente, dal punto di vista degli adulti la lettura viene vista come obbligatoria, un'azione che il bambino deve compiere, e, questo il timore dell'autrice, ciò potrebbe comportare il rischio che egli la recepisca come un'imposizione alla quale ribellarsi, visto anche e soprattutto il fatto che i genitori si domandano raramente quali possano essere i reali interessi dei propri figli. Se si vuole che il bambino si accosti alla lettura, dice la Boie, non bisogna forzarlo, si deve capire quali

---

[38] *Ibidem*, p.86.

siano i suoi reali interessi, che cambiano per l'appunto da bambino a bambino. Egli allora capirà autonomamente, con il sostegno impercettibile dell'adulto, che si può trovare qualcosa di interessante anche all'interno di un libro.[39]

A proposito delle nuove tecnologie in contrapposizione alla lettura di libri da parte dei più piccoli e dei ragazzi, problematica già introdotta nelle pagine precenti, è necessario sottolineare che la scrittura di Kirsten Boie è calata nel proprio tempo, non rifiuta i cambiamenti della società e non ignora le nuove tecnologie; non solo nei suoi libri più recenti presenta personaggi che ad esempio non possono fare a meno del cellulare, ma anche lei stessa si serve del computer e di internet ai fini del suo lavoro. Infatti il suo sito internet (http://ww.kirstenboie.de) è continuamente aggiornato e curato nei minimi particolari, dai contenuti alla grafica. In esso si ritrovano alcune interviste e alcuni saggi della scrittrice, da me qui presi in esame, e si trova anche una parte interattiva nella quale la Boie entra in rapporto diretto con i suoi lettori, che in questa sezione possono porre domande, dare suggerimenti ed esprimere la propria opinione sui diversi libri. Vi si possono inoltre trovare notizie sempre aggiornate per quanto riguarda le attività di rappresentanza dell'autrice, le presentazioni pubbliche dei suoi libri, la presentazione personale dell'autrice, le sue novità editoriali, i suoi libri e le eventuali ristampe; ogni libro è poi corredato da una breve descrizione dei contenuti e per alcune di queste opere viene offerta anche la possibilità di una prova di lettura; in aggiunta si possono trovare le recensioni dei vari quotidiani. La presentazione dei libri viene suddivisa schematicamente in: serie, albi illustrati, libri per bambini, libri per ragazzi e antologie.

Kirsten Boie è consapevole che in fondo oggi per poter partecipare alla vita di bambini e ragazzi non ci si possa alienare completamente da quelli che sono i cambiamenti sociali e le abitudini delle nuove generazioni. La sua esperienza mostra che internet e le nuove tecnologie, se utilizzate correttamente, possono essere un ottimo mezzo per promuovere la letteratura e la lettura.

---

[39] Cfr. *Ibidem.*

Per capire al meglio la scrittura della Boie e la sua concezione di letteratura è inoltre importante riflettere sull'importanza che ricopre per lei Astrid Lindgren, la già citata autrice svedese ideatrice del personaggio Pippi Calzelunghe che la rese famosa in tutto il mondo. La Lindgren rappresenta un vero e proprio modello di riferimento per Kirsten Boie che nel saggio *Frag doch das Kind in dir* la definisce *Meisterin der Poesie des Einfachen*[40]: una scrittrice che meglio di chiunque altro avrebbe rappresentato e descritto autenticamente con le sue storie il mondo dei sentimenti e delle esperienze dei bambini; i suoi libri avrebbero qualità letteraria, aspetto poco presente nella letteratura per l'infanzia. Secondo la Boie, Astrid Lindgren era capace di presentare tematiche difficili per un bambino, come quella della morte, in maniera semplice e facile, perché è il bambino il soggetto importante; quando scriveva un libro non dimenticava mai di pensare a quali fossero i sentimenti e le sensazioni di quando era bambina, di interrogare continuamente il bambino che era in lei.

La Boie afferma che la forma dei testi della scrittrice svedese non tiene presente solo il contenuto da raccontare, ma anche la capacità di ricezione del bambino; l'onestà nei confronti di quest'ultimo è l'unica cosa che conta veramente. Apprezza infine la varietà dei generi e la lingua che caratterizzano la produzione letteraria di Lindgren: ha scritto classici libri per ragazze, ma anche gialli, farse, idilli, racconti di famiglie e racconti di fantasia e si è servita di una lingua versatile e sempre in accordo con le necessità della storia narrata, sempre capace di suscitare una specifica atmosfera. Attraverso i suoi libri avrebbe superato i limiti della letteratura per l'infanzia, servendo da esempio a molti altri scrittori per l'infanzia successivi. Il tutto però non sfociando mai nel pesante e nel moralismo.[41]

Ed è proprio per questi aspetti e caratteristiche che si può affermare con quasi certezza che Boie abbia tentato di fare sue le capacità narrative e la sensibilità di Astrid Lindgren, utilizzandone talvolta gli stessi schemi come è ad esempio il caso della saga di *Kinder aus Möwenweg*, che ha come protagonisti principali

---

[40] K. BOIE, *Frag doch einfach das Kind in dir. Kirsten Boie verabschiedet sich von Astrid Lindgren: „Sie war eine Meisterin der Poesie des Einfachen*, Feuilleton, WELT, 02.02.2002.
[41] *Ibidem*.

esclusivamente dei bambini che vivono e trascorrono le loro giornate in una città idilliaca, nella quale non transitano macchine e tutto è campi e fiori. Kirsten Boie in questo caso ricalca in tutto e per tutto, seppur attualizzandolo e ambientandolo ai giorni nostri, l'idillio di *Kinder aus Bullerbü*[42] della scrittrice svedese, pubblicato nel 1947; in questa opera, che racchiude in un unico libro diverse storie, i protagonisti sono infatti sei bambini che vivono in un villaggio di poche case con intorno soltanto campi per correre, alberi per arrampicarsi, laghi per nuotare e andare in barca. Al centro delle storie ci sono i giochi, le birichinate e i dispetti tra maschi e femmine. Un intero mondo esclusivamente alla portata dei bambini. Boie non eredita solo il modello narrativo ma anche il ricorso all'ironia e all'umorismo, tipici dell'autrice scandinava.

Da ultimo, ma non per importanza, è necessario ricordare un'altra caratteristica fondamentale dei lavori della Boie riguardanti la *Leseförderung* e che interessa particolarmente per l'analisi condotta nel capitolo successivo, ovvero il ricorso alla serialità dei personaggi, che è alla base dei cicli narrativi che vanno dai racconti di *Möwenweg* a *Der kleine Ritter Trenk*. La serialità è molto significativa per la scrittrice soprattutto se vista alla luce del suo impegno a promuovere la lettura sempre e comunque. Dopo il primo libro di una serie il bambino conosce i personaggi e l'ambiente in cui vivono. Proseguendo nella lettura dei libri successivi egli non deve fare lo sforzo di familiarizzare con un insieme di nuovi personaggi, ma ritrova le sue vecchie conoscenze a cui è ormai affezionato. Come si può notare guardando il sito dell'autrice, i bambini si sentono spesso così legati ai personaggi ideati da Kirsten Boie da inviare a lei personalmente e alla casa editrice dei consigli e degli spunti per le storie successive. La serialità di un racconto sembra quindi perfetta per la costruzione di una stabile motivazione alla lettura. Ed è questo anche il caso del piccolo cavaliere Trenk, protagonista del testo da me tradotto e della saga a lui dedicata: *Der kleine Ritter Trenk*.

---

[42] Il libro viene pubblicato in italiano nel 1978 da Vallecchi editore e tradotto da Fiorella Onesti e Isabella Fanti con il titolo *Il libro di Bullerby*.

CAPITOLO 2: *DER KLEINE RITTER TRENK*

2.1. LA SAGA

La saga del piccolo cavaliere Trenk appartiene al secondo raggruppamento tematico di cui ho parlato nel capitolo precedente, ovvero quelle storie e quei racconti che Kirsten Boie scrive facendo ricorso ad elementi della realtà intrecciati con elementi fantastici, riconducibili a un mondo altro. I personaggi e l'azione vengono presentati come 'veri', hanno caratteristiche reali ma allo stesso tempo si uniscono armoniosamente alla comparsa di un mostro fantastico come è il drago e alla spada ammazza draghi, alle credenze negli spiriti maligni e nel sangue di drago che rende invincibili. Kirsten Boie narra di un mondo popolato da cavalieri, signori, briganti, principi e principesse, ma anche da draghi e strani popoli che collocano il libro ai limiti della fantasia. Si rivolge a bambini di età compresa fra i cinque e i sei anni.

Tutti e sei i libri della saga seguono le avventure di Trenk, un improbabile cavaliere figlio di contadini che vaga per immaginari regni medievali in compagnia del suo fedele aiutante Maialino per affrancare sé e la sua famiglia dalla condizione di servi della gleba. Le vicende si svolgono infatti ai tempi del Medioevo in luoghi indefiniti e immaginari.

Il primo libro della saga, *Der kleine Ritter Trenk*, esce nel 2006 e dà il titolo all'intera serie che poi è ripreso dai titoli di tutti i cinque libri successivi, pubblicati tra il 2011 e il 2013; la saga ha riscosso un grande successo di pubblico in tutta la Germania, a tal punto che non solo la storia è stata adattata per gli audiolibri e ne è stato tratto un cartone animato per la televisione, ma nel 2015 uscirà anche il film per il grande schermo.

La caratteristica della serie *Der kleine Ritter Trenk* è che seppure le serie si ritrovino molto spesso tra le opere dell'autrice, in questo caso specifico solo i primi due libri *Der kleine Ritter Trenk* e *Der kleine Ritter Trenk und der Große Gefährliche* sono legati da continuità temporale, nel senso che le vicende del primo libro si concludono definitivamente solo nel secondo e si ha un'evoluzione del personaggio che riesce a raggiungere i propri ambiziosi obiettivi dopo aver superato le prove che gli si presentano una dopo l'altra. Per quanto riguarda invece gli altri quattro libri, ognuno sviluppa una vicenda a sé stante che si conclude nel giro di pochi giorni o nell'arco di una sola giornata e per lo più il narratore sceglie di descrivere gli avvenimenti antecedenti alla consacrazione di Trenk a cavaliere. I personaggi non evolvono nel tempo, hanno sempre la stessa età e non progrediscono con la crescita del lettore bambino.

Nel 2012 vengono pubblicati *Der kleine Ritter Trenk und das Schwein der Weisen*, che narra un'altra avventura di Trenk questa volta alle prese con la ricerca della pietra filosofale, e *Der kleine Ritter Trenk und fast das ganze Leben im Mittelalter*, nel quale si descrivono le abitudini e i costumi al tempo del Medioevo, dall'istruzione alla condizione di vita dei servi della gleba, dalle armi dei cavalieri ai modi di dire tipici dell'epoca. Nel 2013 viene infine pubblicato *Der kleine Ritter Trenk und der gemeine Zahnwurm*, nel quale Trenk è costretto ad affrontare un terribile mostro per salvare sua sorella Mia-Mina che era stata imprigionata da Wertolt der Wüterich, l'antagonista di Trenk in tutti i libri della saga; sempre nello stesso anno esce *Der kleine Ritter Trenk und der Turmbau zu Babel*, in cui Trenk con l'aiuto della sua solita astuzia inganna il suo eterno rivale Wertolt e lo fa desistere dalla volontà di costruire la più grande cattedrale del mondo.

Questi testi sono tutti accomunati dallo stesso tipo di struttura narrativa, caratterizzata da elementi e schemi d'azione costanti: in ciascuno di essi il piccolo cavaliere Trenk affronta una particolare avventura e ogni volta si trova a dover superare un ostacolo diverso che sia ad esempio la liberazione della sorella o la protezione del principe; la presenza dell'antagonista Wertolt è sempre costante, così come l'arguzia e la furbizia di Trenk nel raggirarlo.

In realtà quello del cavaliere medievale pavido e ansioso di riscatto che affronta i problemi più diversi è un tema a cui spesso si fa ricorso nei libri dedicati all'infanzia, ma che si discosta dall'usuale utilizzo che se ne fa solitamente grazie al ricorso da parte dell'autrice a l'umorismo, delle descrizioni dissacranti e del sovvertimento di alcuni ruoli, come avrò modo di spiegare nei paragrafi seguenti. Ancora una volta la

Boie rivolge il suo interesse alla serialità di un personaggio; un espediente ricorrente per lei molto importante grazie alla capacità interna di suscitare immedesimazione e di sviluppare nel bambino la voglia di continuare a leggere.

La saga di Trenk è un libro illustrato, e per la precisione un *Vorlesebilderbuch*, un testo ricco di immagini in forma fiabesca e avventurosa, pensato per la lettura ad alta voce da parte degli adulti; il *Vorlesebilderbuch* non è da confondere con l'albo illustrato, un testo in cui immagini e parole si sostengono a vicenda pur favorendo l'abbondanza delle prime. Nell'albo illustrato le frasi sono ridotte al minimo e se venissero a mancare la vicenda rimarrebbe comunque comprensibile, mentre nel *Vorlesebilderbuch* le illustrazioni, seppure presenti significativamente, fungono da supporto al testo scritto

Anche la serie di Trenk conferma l'importanza che il *Vorlesen* riveste per l'autrice: in un'intervista del 2006 riguardante questa specifica saga la Boie dichiara che la lettura ad alta voce svolta dal genitore a favore del bambino non solo aiuterebbe a creare un'importante situazione emotiva e simbiotica fra i due, ma farebbe sì che il bambino si avvicini senza alcuna difficoltà all'esercizio della lettura, per lui difficoltosa e complicata, fornendogli un'ottima motivazione per appassionarsene:

> Ich glaube, dass das Vorlesen heute auf dem Weg zu einer stabilen Lesemotivation eine ganz große, wichtige Rolle spielt. Lesen lernen ist so schwierig, dass Kinder die Erfahrung, wie spannend Bücher sein können, zunächst nur beim Vorlesen machen, nicht beim selber Lesen. Also ziehen sie dann die anderen, bequemeren Medien einfach vor [...] Darum glaube ich, [dass] die Vorlesesituation auch eine Situation großer emotionaler Nähe sein kann.[43]

Altrettanto importanti sono le illustrazioni che nel caso specifico di *Der kleine Ritter Trenk* servono da sostegno al lettore-bambino che ancora non conosce il periodo storico medievale; esse sollecitano l'immaginazione del bambino e la

---

[43] K. BOIE, *Der kleine Ritter Trenk*, http://www.kirsten-boie.de/kirsten-boie.interviews.php?kategorie=Interviews&id=9&sprache.de.

indirizzano verso un determinato contesto, più specifico, che il bambino ancora non conosce.

Il tempo in cui si svolgono le vicende è appunto quello del Medioevo, ma non si hanno indicazioni di date o periodi specifici; il narratore, quando deve contestualizzare la storia, parla di *in der finsteren Ritterzeit* o semplicemente di *Ritterzeit*, mantenendo una vaghezza temporale che crea un'atmosfera misteriosa. Anche per quanto riguarda il luogo non si trovano indicazioni di ambienti reali; le vicende potrebbero essere collocate praticamente in qualsiasi posto e le descrizioni fanno riferimento a villaggi e castelli immaginari con nomi fittizi, di fantasia.

La struttura narrativa standard di ciascun libro segue uno sviluppo lineare, con un inizio apparentemente tranquillo che vede i personaggi svolgere le loro attività quotidiane e che viene poi turbato da un evento inaspettato o dall'entrata in scena di un particolare personaggio che dà il via allo sviluppo del racconto. Trenk, il protagonista, Thekla, la deuteragonista e il fedele aiutante Ferkelchen (Maialino) ricoprono sempre il ruolo centrale e sono coloro che devono arrivare con astuzia alla risoluzione dei problemi che conduce al lieto fine.

La ricchezza di immagini che questa serie fornisce alla fantasia del bambino, lettore o ascoltatore, non si limita però a fornire un puro e semplice intrattenimento, ma il tutto viene completato da informazioni sulle abitudini dell'epoca, sul tipo di vita dei signori, dei cavalieri e dei servi della gleba, nonché sulle tradizioni e sulle credenze; anche a livello semantico si ritrovano parole specifiche dell'ambito della cavalleria e delle abitudini del medievali che arricchiscono il lessico del bambino.

Benché nell'intervista citata sopra l'autrice sostenga che il suo lavoro non è un romanzo storico in quanto non si atterrebbe alla realtà storica del Medioevo – «Ein historischer Roman ist das Buch in meinen Augen eigentlich nicht. Da stünden für mich Fragen nach der geschilderten Zeit und ihrer Gesellschaft im Mittelpunkt»[44] – ritengo che il periodo scelto non possa nemmeno essere ridotto a semplice sfondo delle vicende, ma piuttosto ne costituisca la cornice che completa il tutto. Se da una

---

[44] *Ibidem.*

parte è vero che la fantasia è il motivo ispiratore dei racconti, dall'altra è altrettanto vero che la decisione di collocarli in un passato remoto comporta il ricorso a descrizioni di ambienti, comportamenti e usanze specifiche.

Nell'intervista Kirsten Boie esprime le motivazioni e le intenzioni che l'hanno guidata durante la scrittura del libro, che per lei deve essere in grado di divertire, stupire e tenere il lettore col fiato sospeso. Ritiene che il tema scelto piaccia prevalentemente ai maschi che possono immedesimarsi nel cavaliere e vivere con lui tutte le avventure come se fossero essi stessi i protagonisti, tuttavia dice di aver voluto coinvolgere anche le bambine dando un ruolo centrale anche a Thekla, la bambina ribelle che si rifiuta di conformarsi alle regole previste per tutte le donne del tempo.

L'autrice afferma che benché ciò che accade al piccolo Trenk non sarebbe stato veramente credibile all'epoca in cui si svolgono i fatti, in quanto nel Medioevo un figlio di contadini non aveva la possibilità di avanzare socialmente, essendo la sua condizione di servo della gleba praticamente irreversibile, l'autrice dice comunque di essersi informata approfonditamente riguardo quelli che erano gli aspetti fondamentali dell'epoca. Kirsten Boie considera, a ragione, i libri della saga del cavaliere Trenk divertenti, didattici e coinvolgenti e insiste sull'importanza dell'umorismo: la risata, afferma, offre un'ottima possibilità di non trovarsi impotente e spiazzato di fronte alle difficoltà e di osservarle con distanza[45].

La scrittrice dichiara che suoi personaggi preferiti sono esseri umani che non hanno un ruolo fisso nella società, bensì caratteri flessibili per nulla legati al destino. Ma ammette comunque che essere così liberi di scegliere all'epoca del Medioevo non era poi così semplice. Il motivo per cui l'avventura di Trenk risulta credibile agli occhi del lettore e ascoltatore riguarda il fatto che tutto ciò è coerente con le regole del mondo immaginario presentato dal narratore. Il testo si avvicinerebbe molto alla fiaba e Kirsten Boie ritiene proprio che il bello di questo tipo di racconti consista nel

---

[45] Cfr. *Ibidem.*

fatto che alla fine il bene trionfa, il male soccombe e il mondo ritrova ancora una volta il suo ordine.

2.1.2. FIABA E STORIA: IL MEDIEVALISMO

Come si è detto Kirsten Boie ambienta la serie nel Medioevo e benché essa non appartenga al genere del romanzo storico, il tempo e il contesto storico non fanno da mero sfondo all'azione ma pervadono l'intera vicenda. La storia 'invade' la fiaba e la condiziona. L'autrice infatti infarcisce il racconto di riferimenti specifici alla vita e ai costumi dell'epoca. La stessa condizione di servo della gleba del protagonista rappresenta la molla scatenante di tutto il racconto e le parti più divertenti così come quelle più 'drammatiche' prendono vita dalla conflittualità tra i diversi ceti sociali che ricalcano la gerarchia sociale caratterizzante la società medievale.

Prendendo spunto da ciò che John Stephens espone nel suo *Language and Ideology in children's fiction*[46], si può parlare anche per la serie di Trenk di *medievalismo*, ovvero del ricorso a una vaga idea di ciò che era il Medioevo, senza particolari e precisi riferimenti storici, un luogo idealizzato nel quale prende corpo una versione alternativa dei temi epici ed eroici. È in questo tempo remoto che si uniscono, compenetrandosi, storia, leggenda, immaginazione e una particolare visione del mondo.

Allo stesso tempo, in *Der kleine Ritter Trenk*, cavalieri, signori e servi della gleba vengono descritti attraverso le usanze, i costumi e le credenze dell'epoca e ciò conferisce al testo una parvenza di verità, sebbene l'autrice dichiari di non essersi riferita a un periodo preciso del Medioevo, bensì avrebbe generalizzato:

Ich habe eine ganze Menge Bücher gelesen und auch im Internet recherchiert. [...] Aber dann bin ich mit meinem Wissen doch zum Teil sehr großzügig umgegangen. Das Mittelalter ist lang, und ich könnte z.B. nicht sagen, ob die Geschichte eher im neunten oder

---

[46] J. STEPHENS, *Language and Ideology in children's fiction*, Longman, London 1992 [Da ora in poi indicato con *LI*].

eher im vierzehnten Jahrhundert spielt und da gibt es zwischen dem Aussehen der Burgen, der Rüstungen, der Waffen usw. doch so große Unterschiede.[47]

Al centro dei racconti ritroviamo da una parte il potere con le sue tentazioni e i suoi abusi, la perpetrazione dell'individualismo e dell'egoismo, incarnati dal personaggio di Wertolt der Wüterich, mentre dall'altra i continui tentativi di Trenk e della sua famiglia di liberarsi dalla tirannia.

L'atmosfera leggendaria che ha fortemente caratterizzato il periodo medievale viene ripresa nel terzo capitolo del testo nel quale si fa esplicito riferimento a Siegfried, l'eroe del *Nibelungenlied*, uccisore di draghi, introdotto direttamente nel racconto dal principe:

> "Aber dieses Mal bist du nicht der Einzige, der auf Drachenjagd geht, kleiner Page Trenk. Aus dem ganzen Land wollen die Ritter gegen ihn ziehen, habe ich gehört; denn, so heißt es, ein gewisser Ritter Siegfried soll vor langer Zeit in einem fernen Land einen unbesiegbaren Drachen geschlagen haben … […] … und danach hat dieser Siegfried im Blute des Drachen gebadet und war darum unverwundbar. Unverwundbar!"

Questo riferimento intertestuale serve alla vicenda come molla scatenante per far sì che Trenk si avventuri all'interno del bosco dei carbonai dove incontra il grande drago. Inoltre, nelle descrizioni dei banchetti il narratore si riferisce ai commensali generalizzando con il termine *Tafelrunde*, ulteriore espilicito riferimento leggendario ai cavalieri della Tavola Rotonda del ciclo Arturiano.

Vengono posti in una posizione di rilievo alcuni valori considerati virtù tipiche della cavalleria (*ritterliche Tugenden*) come la temerarietà (*Tollkühnheit*), la lealtà (*Wahrhaftigkeit*), il coraggio (*Mutigkeit*), che solitamente nella letteratura per l'infanzia hanno lo scopo di dimostrare il loro aspetto fondamentale ai fini di un'esistenza felice e appagante: «The ideological motivations of historical fiction, especially in the impulse to use the past to inculcate moral, humanist values, and to

---

[47] *Ibidem.*

assert that human nature is stable and unchanging.»[48] In contrapposizione con la realtà contemporanea in cui vive il lettore, «the invention of an alterity of time and place which is nobler, and of a society inhabited by the writers and their audiences; a non-existent place.»[49] Il narratore del testo qui analizzato si serve dell'umorismo per creare un contrasto con i valori medievali rappresentati e mettendone in mostra il lato ridicolo, screditandoli di modo da prenderne le distanze.

2.2. *DER KLEINE RITTER TRENK UND DER GROSSE GEFÄHRLICHE*

Der kleine Ritter Trenk und der Große Gefährliche è il secondo libro della saga pubblicato nel 2011 e rappresenta la diretta continuazione nonché conclusione delle vicende narrate nel primo libro. Ritroviamo Trenk in fuga per affrancare sé e la propria famiglia dalla servitù della gleba, alle prese con il Grande Drago Pericoloso e con gli inganni di Wertolt der Wüterich.

La trama di questo testo in particolare si articola su due vicende rilevanti che si sviluppano e si intrecciano per tutto il testo: il pericolo, da sventare, del drago che con la sua ricomparsa torna a terrorizzare il regno e il mistero della cattedrale derubata a causa del quale Trenk è costretto a riprendere la fuga. Inoltre quattro sono i momenti principali su cui è costruita la storia: 1) un inizio apparentemente tranquillo caratterizzato da un momento di festa che viene però immediatamente turbato dalla notizia che il grande drago pericoloso è ancora in vita e che la cattedrale della città è stata derubata; 2) la fuga di Trenk da cui ha inizio l'avventura e il percorso con tutti i suoi ostacoli che l'eroe deve affrontare; 3) segue un picco massimo di tensione (climax) caratterizzato dal momento in cui Trenk e il drago si ritrovano faccia a faccia e il primo decide di risparmiare la vita al secondo; 4) raggiunta la massima tensione, la vicenda volge verso la soluzione dei conflitti, terminando con la donazione delle ricompense a Trenk da parte del principe.

---

[48] *LI*, p. 7.
[49] *Ibidem*, p. 122.

2.2.1. TRAMA

La scena si apre con un banchetto al castello Hohenlob a cui partecipano tra gli altri il principe, Trenk e Thekla. Ben presto la tranquillità dei convenuti al banchetto viene turbata dalla notizia che il pericoloso drago, quello che presumibilmente Trenk avrebbe ucciso alla fine del primo libro, è ancora in vita ed è ricomparso a terrorizzare quelle terre e a divorare le vergini. Per tutto il regno si mobilitano i cavalieri pronti a imitare il leggendario Siegfried e a uccidere il mostro per bagnarsi nel suo sangue e diventare invincibili.

L'accaduto mette subito in allarme Trenk e Thekla in quanto pensano che il drago da sconfiggere sia la loro amica draghessa, mamma di tre cuccioli, e capiscono di doverla mettere in guardia. Mentre pensano a come avvertirla, irrompe nel salone Wertolt der Wüterich per avvisare che in città è stato commesso un terribile crimine: qualcuno ha depredato la cattedrale. Viene incolpato del furto Haug Tausendschlag, padre di Trenk, e Wertolt der Wüterich accusa Trenk di essere stato il complice. Il principe, credendo alle affermazioni del perfido cavaliere, ordina che Trenk restituisca l'armatura e sta anche per farlo imprigionare insieme al genitore, ma grazie all'aiuto degli abitanti del villaggio Trenk riesce a scappare, seguito da Thekla.

Il bambino fugge nella foresta dei carbonai dove lo raggiunge Thekla. Per prima cosa si dirigono al villaggio dei carbonai per avvisare mamma drago del pericolo che incombe su di lei. Ma il villaggio è deserto, tutti i carbonai sono scomparsi. A causa della stanchezza i due bambini vi pernottano ugualmente. Durante la notte compare il vero drago pericoloso: c'è quindi un altro drago oltre alla draghessa. I bambini riescono a sfuggirgli e si rimettono in cammino; durante il tragitto incontrano la piccola carbonaia Maria che li conduce al nascondiglio degli altri carbonai, scappati dagli attacchi del Grande Drago Pericoloso. Lì vi ritrovano anche mamma drago con i cuccioli.

Mentre i carbonai raccontano la loro disavventura Trenk e Thekla scorgono in un angolo remoto della grotta un oggetto luccicante: è la statua di Maria, parte del tesoro della cattedrale. Grazie alla piccola Maria che racconta di due uomini arrivati nei pressi della grotta per chiedere del carbone a nome del loro signore, Wertolt der Wüterich. Thekla e Trenk capiscono che il colpevole e l'artefice del saccheggio della cattedrale non può essere altri se non Wertolt der Wüterich. Non resta che dimostrarlo al signor principe. Infatti il pericoloso drago era ancora in circolazione, e per giunta il maialino di Trenk era scomparso nella foresta del drago, rischiando di essere divorato. I bambini lo vanno a cercare, quand'ecco che Trenk e il drago si ritrovano uno di fronte all'altro.

Il bambino ha la possibilità di mettere fine all'esistenza del gigante ma lo guarda negli occhi, vi vede la sua stessa paura e lascia cadere la spada. Proprio in quel momento dall'alto arriva la draghessa che comincia a fare le fusa con l'altro drago. Trenk capisce che il Grande Drago Pericoloso è innamorato e che si comportava aggressivamente perché non trovava più la sua amata.

Apparentemente sembra che tutti sia risolto, ma bisogna comunicare ancora al principe che anche quella volta il drago non era stato ucciso. La soluzione migliore è dire che il mostro è stato addomesticato, e per il regno sarebbe un ottimo vantaggio per proteggersi da qualsiasi attacco esterno. Si mettono allora tutti in marcia, draghi compresi, verso la città dove vengono accolti da uomini, donne e bambini in festa; anche il principe è soddisfatto e contento di poter finalmente gioire, ma nessuno ha fatto i conti con Wertolt der Wüterich che si adopera immediatamente per mettere di nuovo Trenk in difficoltà.

Fortunatamente arriva la piccola Maria con la statua ritrovata nella grotta e racconta tutta la vicenda dei due uomini in cerca del carbone. Gli uomini di Wertolt vengono portati in prigione, ma il loro signore riesce a farla franca per mancanza di prove concrete contro di lui e sparisce così dalla circolazione. Il principe è ugualmente soddisfatto e decide di organizzare un banchetto così ricco come mai prima d'ora. Haug viene liberato e Trenk riceve finalmente e meritatamente le sue ricompense.

2.2.2. PERSONAGGI PRINCIPALI

I personaggi messi in scena dalla Boie non si conformano alle regole della società in cui vivono, non considerandole il risultato del destino; superano i limiti e le convenzioni e tutti in un modo o nell'altro sono tratteggiati con ironia:

> Menschen, die mit der ihnen von der Gesellschaft zugewiesenen Rolle ganz flexibel umgehen und sie keineswegs für Schicksal halten. Im historischen Mittelalter war das sicher nicht so einfach. Aber dieses Buch ist ja auch fast so etwas wie ein Märchen.[50]

Benché ai fini della vicenda l'aspetto più rilevante sia comunque quello che riguarda l'azione, i personaggi rappresentano una parte importante volta a dare maggiore colore e spessore a tutto il racconto. Come è noto, secondo Vladimir Ja. Propp sono gli attributi dei personaggi che conferiscono alla fiaba vivacità, bellezza e fascino.[51] Ma il filologo russo, riferendosi esclusivamente alla fiaba popolare tradizionale, considera come attributi solo le caratteristiche esteriori del personaggio (età, sesso, condizione, aspetto e tratti particolari), mentre nel racconto della Boie sono particolarmente rilevanti anche i sentimenti e l'interiorità dei protagonisti, affatto soggetti al destino e alle sue regole, ma ben consapevoli del loro ruolo e delle loro capacità. Sono i singoli personaggi con il loro spessore che contribuiscono alla valorizzazione dell'azione incalzante e mai piatta.

Se è vero che ogni personaggio ricopre una funzione specifica per lo svolgimento della vicenda[52], è vero anche che i personaggi principali presentano caratteristiche caratteriali e personali specifiche alle quali il racconto presta molta attenzione. A tale proposito Boie sottolinea sì la dimensione fiabesca ma fa anche in modo che i personaggi non siano inchiodati alla loro costellazione sociale.

- Trenk è l'eroe protagonista del racconto e l'espressione che lo caratterizza per buona parte della vicenda è «Leibeigen geboren, leibeigen gestore,

---

[50] K. BOIE, *Der kleine Ritter Trenk*, http://www.kirsten-boie.de/kirsten-boie.interviews.php?kategorie=Interviews&id=9&sprache.de .

[51] Cfr. V. JA. Propp, *Morfologia della fiaba*, Einaudi, Torino 1988 [1966] [ed. or. 1929], p. 93. [Da ora in poi citato mediante la sigla: *MF*.]

[52] Cfr. *Ibidem*, p.

leibeigen ein Leben lang: So hieß es damals, und dagegen konnte man gar nichts tun», riferendosi alla sua condizione di servo della gleba. Dopo la prima fuga alla ricerca della libertà trova protezione dal cavaliere Hans von Hohenlob che lo nomina suo paggio e ne diventa protettore. Trenk è uno dei personaggi del testo che rifiuta l'idea di un destino ineluttabile e si riscatta alla fine della vicenda: diventa un *Drachenbändiger*, un addomesticatore di draghi, e si affranca dal potere minaccioso e oppressivo di Wertolt der Wüterich. Da questo momento in poi l'espressione che lo caratterizzava si trasforma in «Leibeigen geboren, als Ritter gestorben, tapfer ein Leben lang! Mit Mannen und Rüstung und Schwert. Trenk Tausendschlag, der Drachenbändiger![53]» Sempre disponibile ad aiutare la sua famiglia e gli altri servi della gleba, umile anche quando potrebbe ricevere ogni ricchezza al momento finale delle ricompense, non sempre lucido, è Thekla che lo richiama all'ordine e gli ricorda le possibili conseguenze delle sue reazioni impulsive;

- Thekla è l'unica donna ad avere un ruolo centrale non solo nel testo qui analizzato ma nella maggior parte dei libri della saga; si ribella ai vincoli dell'epoca che la volevano vedere come una perfetta donna di casa. Nonostante sia una donna, ruolo che all'epoca veniva relegato al focolare domestico, desidera diventare un vero cavaliere:

> Jedenfalls schoss sie tausendmal besser mit der Schleuder, als sie Suppe kochen oder Harfe spielen oder sticken konnte, aber das durfte Ritter Hans auf keinen Fall wissen. Sonst bekam er nur Angst, dass er keinen Mann finden würde, der seine Tochter heiraten wollte.

È lei a svolgere un ruolo di mediazione e a correre continuamente in soccorso del protagonista. Decisa e sicura di sé, è sempre lucida nel prendere

---

qualsiasi tipo di decisione, ed è spesso lei a trovare la soluzione dei problemi.

- Mariechen (La piccola Maria) o *Köhlermariechen* è il terzo personaggio bambino della vicenda che contribuisce a raggiungere la verità e a ristabilire l'ordine. La sua scaltrezza e la sua acutezza contrastano con il suo aspetto fisico:

> und dann kam auch schon ein Mädchen aus dem Gebüsch, das fast so gefährlich aus wie ein Räuber; aber nicht so gefährlich wie ein Drache, natürlich. Seine Augen blitzen in einem rußigen, schwarzen Gesicht, und es trug zerrissene, rußige Kleider; und seine Haare waren voll Kohlenstaub.

Mariechen è figlia di carbonai e la scaltrezza e l'acutezza che la contraddistinguono risaltano anche proprio grazie al contrasto con il resto dei carbonai: essi vivono in gruppo nella foresta, isolati e ai margini della società, dediti esclusivamente alla lavorazione del carbone, unico aspetto che consente loro di avere un minimo di rapporto con gli altri personaggi della vicenda. Infatti sono loro a rifornire i signori il carbone per i loro castelli. Generosi e ingenui, non spiccano per particolare intelligenza e furbizia; anche quando si esprimono a parole ripetono tutto quello che pronuncia il loro capo, padre di Mariechen, «[...] da erinnerte Trenk sich wieder daran, dass die Köhler schon immer alles wiederholt hatten, was ihr Anführer sagte.» Nonostante la loro ingenuità, e soprattutto grazie agli interventi di Mariechen, essi riescono ad essere d'aiuto a Trenk e Thekla nella ricerca del vero ladro della cattedrale.

- Wertolt der Wüterich (Furio il Furioso) rappresenta il cattivo del libro e il suo è un nome parlante. Fa di tutto per incastrare Trenk ed eliminare dai giochi chiunque lo ostacoli nel diventare il signore più ricco del territorio. Riesce a cavarsela fino alla fine. È egoista, avaro e ingordo;

Da trat Wertolt der Wüterich neben seinen Fürsten, und wenn das auch eigentlich gar nicht möglich ist, so hätte man doch glauben können, dass die Luft um ihn herum auf einmal kälter wurde; und alles Lachen und Rufen erstarb. […] Aber Wertolt ließ ihn nicht mal richtig zu Ende reden. „Ein gutes und mutiges Herz?", brüllte er wütend. Da konnte man mal wieder sehen, warum das ganze Land ihn den Wüterich nannte.

- Hans von Hohenlob (Hans d'Altalode), padre di Thekla, è il signore che protegge Trenk e lo accoglie nel suo castello dopo che il bambino fugge di casa. Dovrebbe rappresentare una delle massime autorità del libro in quanto adulto, potente e responsabile, ma anche se Kirsten Boie lo dipinge sì come un uomo buono e generoso allo stesso tempo gli attribuisce caratteristiche grottesche che lo mettono in ridicolo. Uno dei suoi pochi interessi è quello di organizzare banchetti e di festeggiare per qualsiasi occasione: «denn Essen und Trinken fand er mindestens genauso wichtig wie Kämpfen, und darum nutzte er jede Gelegenheit dazu.»

- Il principe, la cui indole è espressa nella breve descrizione del ventiduesimo capitolo «22. Kapitel, in dem erzählt wird, wie Wertolt der Wüterich den Fürsten doch noch einmal nachdenklich macht», è colui a cui tutto e tutti si rivolgono, l'autorità per eccellenza, non ha nessuno sopra di lui, eppure una delle sua caratteristiche principali è quella di essere facilmente influenzabile; chiunque può convincerlo di un'idea e bastano pochi secondi per fargli cambiare opinione, insicuro e indeciso lascia spesso che siano gli altri a decidere per lui. Persino una bambina come Thekla, quindi non solo piccola ma anche donna, riesce a confonderlo e a metterlo in difficoltà, ottenendo così ciò che desidera al fine di proteggere Trenk e farlo ricompensare per la sua impresa.

Questi ultimi due personaggi suscitano simpatia perché raramente si arrabbiano o perdono la pazienza, sono come bambini che pensano solo a giocare e divertirsi, cercando di accantonare ogni minima preoccupazione. La loro coscienza è rappresentata dai due bambini; infatti spetta a Trenk e Thekla fare la parte degli adulti responsabili, non sempre riuscendoci come quando nel IV capitolo si tratta di allontanarsi del banchetto per correre in città alla cattedrale derubata, e prendere in mano le situazioni problematiche per poterle risolvere.

2.3. UNA SORTA DI FIABA CONTEMPORANEA

Per "fiaba contemporanea" si intendono le versioni di uno stesso motivo fiabesco: la rivisitazione in chiave moderna delle classiche funzioni che ricoprono nelle fiabe re, principi, principesse, servi e contadini. Cambiano gli schemi e i ruoli dei personaggi, mentre le tematiche vengono attualizzate e sovvertite.[54]

Con l'aggettivo 'contemporanea' non mi riferisco a una vicenda ambientata ai giorni nostri, bensì a una fiaba che rivede i modelli classici e tradizionali a cui solitamente il genere fiabesco si conforma, soprattutto alla luce di una nuova visione, contemporanea appunto, della letteratura per l'infanzia.

Il testo della Boie può inserirsi all'interno di una corrente della fiaba contemporanea, quella postmoderna, che prende spesso in giro gli adulti sotto forma di intrattenimento e umorismo, esaltando la possibilità di vivere anche fuori dalle convenzioni:

> Le versioni postmoderne, pur mantenendo vivo il dialogo con la versione tradizionale che ne garantisce la riconoscibilità, non mettono a nudo solamente la stereotipia delle trame e della caratterizzazione dei personaggi, bensì esplorano motivi e significati latenti, suggeriscono nuove motivazioni per le azioni, operano riorientamenti ideologici che costruiscono un nuovo ordine morale e sociale. Risultato di tali operazioni è la produzione di *disenchantments* […] nel duplice senso di disincanto ironico nei confronti del canone, e di 'rottura dell'incantesimo' manifesta nel tentativo di scardinare schemi narrativi e dinamiche culturali.[55]

---

[54] Cfr. F. ORESTANO (a cura di), *Tempi moderni nella children' literature: storie, personaggi, strumenti critici*, CUEM, Milano 2007 [Da ora in poi citato mediante la sigla: *T*].
[55] *Ibidem, T*, pp. 206-207.

Inoltre, secondo l'idea di letteratura del famoso scrittore per l'infanzia Roald Dahl, esponente del fantastico comico per cui è tipico l'inserimento di elementi destabilizzanti che si insinuano nel quotidiano, le fiabe contemporanee sarebbero una mescolanza della rassicurante tradizione della favola e della moderna, rapida "vivacità" di comunicazione dei contenuti; si tratta di racconti di cose meravigliose con i ritmi adatti alle capacità percettive dei ragazzi d'oggi.

Sulla base di due teorie sulla fiaba in particolare, quella di Propp teorizzata nel testo *Morfologia della fiaba*[56] e quella di Tolkien, esposta nel saggio *Sulle fiabe*[57], ho individuato nel libro da me tradotto delle caratteristiche tipiche del genere fiabesco e caratteristiche che per lo più se ne discostano, alterandone appunto i modelli.

Vorrei partire da ciò che è rimasto invariato, dagli aspetti che già a una prima lettura fanno riconoscere il libro come fiaba e non solo come racconto d'avventura. I momenti fondamentali che costituiscono la fiaba tradizionale coincidono pienamente con il racconto preso qui in considerazione.

2.3.1. ELEMENTI DI CONTINUITÀ CON LA TRADIZIONE

Da un punto di vista morfologico possiamo definire favola[58] qualsiasi sviluppo da un danneggiamento o da una mancanza attraverso funzioni intermedie fino a un matrimonio o ad altre funzioni impiegate a mo' di scioglimento. A volte servono da funzioni finali la ricompensa, la rimozione del danno o della mancanza, il salvataggio dall'inseguimento ecc. Questo sviluppo è stato da noi chiamato movimento; ogni nuovo danneggiamento, ogni nuova mancanza, dà origine a un nuovo movimento. [...] Un movimento può seguire immediatamente il precedente, ma essi possono anche intrecciarsi qualora il secondo venga inserito ad interrompere lo svolgimento della vicenda.[59]

---

[56] V. JA. PROPP, *MF*.
[57] J. R. R. TOLKIEN, *Il medioevo e il fantastico*, Bompiani, Milano 2003. [Da ora in poi citato mediante la sigla: *M*].
[58] Propp utilizza i termini favola e fiaba come sinonimi.
[59] *MF*, p. 98.

La fiaba tradizionale comincia con una situazione in cui l'eroe è alla mercé di coloro che disprezzano lui e le sue capacità, che lo maltrattano e arrivano addirittura a minacciare la sua vita. Nel corso del racconto qui preso in esame, infatti, l'eroe è spesso costretto ad affidarsi ad amichevoli soccorritori, come Thekla, Maialino o la piccola carbonaia Maria che aiutano Trenk a raggiungere il lieto fine: la struttura narrativa è tipica della fiaba. Si ha un inizio apparentemente tranquillo calato nella quotidianità, la trama si sviluppa grazie a un colpo di scena a cui seguirà l'ennesima fuga di Trenk e la comparsa di nuovi ostacoli da superare; la vicenda raggiunge il proprio climax nel momento in cui Trenk e il drago si ritrovano occhi negli occhi durante il combattimento e il lettore è costretto a trattenere il fiato. La conclusione è caratterizzata dal lieto fine in cui la verità trionfa.

Bruno Bettelheim riprende il pensiero di Tolkien, secondo il quale nelle fiabe tradizionali vi sono principalmente quattro elementi: la fantasia, il recupero, la fuga e la consolazione[60]:

> Recupero dalla profonda disperazione, fuga da qualche grave pericolo, ma, soprattutto, consolazione. Parlando del lieto fine, Tolkien sottolinea che tutte le fiabe complete devono averlo. Esso costituisce[61] "un'improvvisa e felice 'svolta' ... Per quanto fantastica o terribile sia l'avventura, può far sì che a un bambino o a un uomo che l'ascolta, quando si determina la 'svolta', ma chi per un attimo il respiro, il cuore batta più in fretta e più forte, gli occhi si inumidiscano."[62]

A questi elementi Bruno Bettelheim, che concorda con la visione dello scrittore russo, nel suo *Il mondo incantato* ne aggiunge un quinto, ovvero, la minaccia all'esistenza fisica o morale dell'eroe di una qualsiasi vicenda.

---

[60] In lingue originale: *Fantasy, Recovery, Escape, Consolation*.
[61] B. BETTELHEIM, *Il mondo incantato. Uso, importanza e significati psicanalitici delle fiabe*, Feltrinelli, Milano 1979, p.141.
[62] Cfr. J. R. R. TOLKIEN, *Tree and Leaf*, Houghton Mifflin, Boston 1965.

Nel testo preso qui in analisi si ritrovano distintamente tutti e cinque gli elementi: la fantasia si riflette nel racconto tramite la presenza del drago e le descrizioni di un tempo e di un luogo indefiniti. Il recupero è la presa di coscienza da parte di Trenk e Thekla e che li avvicina alla verità e al riscatto personale. L'evasione, o fuga, è necessaria allo sviluppo di tutta la vicenda e al raggiungimento del riscatto finale. La minaccia è nel testo rappresentata doppiamente dal pericoloso drago e da Wertolt der Wüterich. Il quinto e ultimo elemento, la consolazione, si concretizza con le ricompense e l'apparente ordine ristabilito.

a) *La fantasia.* Con il termine fantasia Tolkien intende un'attività umana naturale e razionale che tende a dare regole, limiti e convenzioni a quella che definisce la sub-creazione, ovvero la creazione di un mondo parallelo, per rendere il Mondo Secondario un mondo parallelo a quello reale:

> in un senso che unisce il suo uso più antico ed elevato come equivalente d'Immaginazione alla nozione derivata di "irrealtà" (cioè, di inverosimiglianza rispetto al Mondo Primario), di libertà dal dominio del "fatto osservabile", in breve, di fantastico.[63]

Il regno delle fiabe è vasto, profondo, eminente e colmo di molte cose: vi si trovano animali e uccelli di ogni genere, mari sconfinati e stelle innumerevoli, bellezza che incanta e pericolo onnipresente; gioia e dispiacere taglienti come spade. La maggioranza delle fiabe verte sulle avventure di uomini nel Reame Periglioso o lungo le sue nebulose regioni di confine. Una fiaba riguarda o usa il Mondo Fatato, qualsiasi possa essere il suo scopo principale: satira, avventura, morale, fantasia. È per questo che Tolkien considera il compositore della storia un «sub-creatore»: egli costruisce un Mondo Secondario in cui la nostra mente può introdursi, e ciò che egli riferisce di questo mondo è «vero»; ossia in accordo con le leggi di quel mondo. Ma è anche vero che per Tolkien il mondo fantastico non avrebbe luogo senza la consapevolezza della realtà.

---

[63] *F*, p. 206.

La fantasia ripercorre tutta la vicenda di Trenk e già le prime righe calano il racconto in un'atmosfera immaginaria e indefinita:

> Vielleicht hast du schon vom kleinen Ritter Trenk gehört, der so tapfer war und so schlau und außerdem auch noch nett, dass er berühmt wurde von den Bergen bis zum Meer, und das war damals fast die ganze Welt, muss du bedenken, weil Amerika ja noch nicht entdeckt war.

La dimensione immaginaria è resa grazie all'indeterminatezza temporale e spaziale e caratterizza l'intera vicenda e raggiunge il culmine con l'entrata in scena del Grande Drago Pericoloso, prima solo accennata oralmente dal principe durante il banchetto nel capitolo 1 e poi concretizzatasi al capitolo 9 con la comparsa del drago nella notte al villaggio dei carbonai.

È rilevante sottolineare che nonostante la fantasia faccia parte, per usare la definizione di Tolkien, di un mondo secondario, o mondo altro, il bambino a partire dai cinque anni sa distinguere ciò che è reale da ciò che non lo è, non si perde nel racconto fantastico e una volta terminata la lettura sa che quello a cui ritorna è il mondo reale che nulla ha a che fare con ciò che ha appena letto o ascoltato:

> Il bambino che ha familiarità con le fiabe comprende che esse gli parlano nel linguaggio dei simboli e non in quello della realtà di tutti i giorni. La fiaba comunica fin dall'inizio, con tutto il suo svolgimento e con il suo finale, che le vicende che ci vengono narrate non sono fatti tangibili e non hanno a che fare con persone e luoghi reali. [...] "C'era una volta", "In un certo paese", "Mille anni fa, o forse più" [...]: inizi del genere suggeriscono che quanto segue non si riferisce al luogo o all'epoca che noi conosciamo. Quest'indeterminatezza voluta all'inizio delle fiabe simboleggia che stiamo per lasciare il mondo concreto della realtà di tutti i giorni. Antichi manieri, oscure caverne, stanze chiuse a cui è vietato l'accesso, foreste impenetrabili, suggeriscono tutti che qualcosa che di regola è nascosto

verrà rivelato, mentre la frase "tanto tempo fa" indica che saremo portati a conoscenza di fatti quanto mai remoti.[64]

b) *Il recupero*. Il secondo aspetto fondamentale della fiaba, il Recupero, o Riscoperta, è inteso da Tolkien come un «ri-acquisto, il riacquisto di una chiara visione. [...] La bizzarria delle cose divenute ovvie, quando sono osservate improvvisamente da una nuova prospettiva.»[65] Il recupero nel racconto qui preso in esame si palesa sia a livello macroscopico sia a livello microscopico. Il primo livello si concretizza quando Trenk capisce di poter cambiare la propria condizione, ormai stufo dei soprusi e delle ingiustizie, e si adopera da un giorno all'altro per cambiare la sua quotidianità allontanandosi da casa prima e fuggendo dagli uomini di Wertolt poi. Il secondo livello, quello microscopico, riguarda invece i singoli momenti della quotidianità di Trenk e Thekla, come quando la piccola Maria, incolpata insieme agli altri carbonai di essere la colpevole del furto della statua di Maria, trovata accidentalmente nella loro grotta, in quanto «denn wenn man bei jemandem in der Höhle eine Diebesbeute findet, dann glaubt man natürlich, er ist der Dieb». Questa occasione fa aprire gli occhi agli altri due bambini nel momento in cui la carbonaia Maria dice loro:

> «Habt ihr schon vergessen, was ihr uns eben erzählt habt? Dass Trenks Vater eingesperrt wurde, weil man die Beute aus dem Raub bei ihm gefunden hat, und dass er doch trotzdem nicht der Räuber ist? Bei wem man die Beute findet, der hat sie noch lange nicht immer geraubt, so ist das nämlich!»

Infatti, anche Trenk e suo padre erano stati incastrati allo stesso modo e accusati ingiustamente da Wertolt der Wüterich. Trenk e Thekla si rendono conto dello sbaglio commesso e lo superano, potendo in questo modo avvicinarsi sempre più alla verità.

---

[64] B. BETTELHEIM, *Il mondo incantato. Uso, importanza e significati psicanalitici delle fiabe*, Feltrinelli, Milano 1979, p.63.
[65] *M*, p.217.

c) *La fuga (o evasione)*. L'Evasione di Trenk è rappresentata nel testo da due fughe: la prima è quella dalla condizione umiliante e frustrante di servo della gleba; la seconda è dal pericolo di essere imprigionato per un reato non commesso. In ognuno di questi momenti narrativi Trenk fugge per scappare da una società che lo vorrebbe inchiodare a ruolo di servo della gleba, senza possibilità di riscatto. La fuga è quindi intrapresa dal protagonista al fine di raggiungere la propria indipendenza e per riscattare tutti gli abitanti del regno che vivono nelle sue stesse condizioni. L'evasione è anche motivo di incontro con altri personaggi, come la piccola Maria e i carbonai, che aiutano l'eroe a scoprire la verità.

Diverse sono infatti le ragioni che gli studiosi come Bruno Bettelheim assegnano al motivo della fuga:

> Ci sono altre cose più torve e terribili da cui sfuggire, che non il rumore, il puzzo, la spietatezza e lo sperpero di un motore a combustione interna. Ci sono fame, sete, povertà, dolore, angustia, ingiustizia, morte. E anche quando gli uomini non sono alle prese con cose ardue come queste, ci sono antiche limitazioni, dalle quali le fiabe offrono una sorta di evasione, e vecchie ambizioni e vecchi desideri (che toccano le radici stesse della fantasia), cui esse offrono una sorta di soddisfazione e di consolazione. Alcuni sono debolezze perdonabili, o curiosità: come il desiderio di visitare, liberi come un pesce, le profondità del mare, [...]. Vi sono desideri più profondi, come il desiderio di conversare con altri esseri viventi.[66]

d) *La minaccia*. L'aspetto che aggiunge Bettelheim ai quattro individuati da Tolkien, quello della minaccia appunto, nel testo qui preso in esame è rappresentato dal drago e da Furio il Furioso. Per ciò che concerne il pericoloso drago, in primo luogo Trenk ne ha paura perché è un essere davanti al quale non si è mai ritrovato; egli non sa cosa aspettarsi ma è consapevole del fatto che quel mostro può saltar fuori da un momento all'altro. La minaccia e la paura si concretizzano nel momento in cui Trenk e il drago, con la pericolosità delle sue fiamme di fuoco e l'enormità del corpo, devono combattere.

---

[66] *Ibidem*, pp. 222-223.

Wertolt der Wüterich, invece, rappresenta per l'eroe una minaccia sotto molteplici aspetti: innanzitutto egli è il padrone di Trenk, servo della gleba, e continui sono i suoi soprusi cui è difficile sottrarsi. Ma egli non è solo una minaccia per l'eroe, bensì per tutti i suoi sudditi e per tutta la famiglia Tausendschlag e Trenk sente il peso di doverli proteggere; inoltre l'accusa di Wertolt der Wüterich rappresenta per Trenk la minaccia peggiore: la prigione e la rinuncia al titolo di cavaliere.

e) *La consolazione.* Quinto e ultimo aspetto è la consolazione finale, durante la quale la verità viene riportata alla luce e Trenk riceve le sue meritate ricompense; essa viene menzionata anche dalla Boie che nell'intervista del 2006 afferma: «Das ist schließlich das Schöne an solcher Art von Geschichten: Am Ende siegt das Gute, das Böse unterliegt, und die Welt ist wieder in Ordnung.»[67]

Tolkien sottolinea questo aspetto come elemento fondamentale per la buona riuscita di una fiaba; il lieto fine non inciderebbe però solo sull'esito della vicenda, ma anche sul lettore che partecipa attivamente all'emotività dei protagonisti:

> La caratteristica di una buona fiaba, del tipo più elevato o completo, è che, per quanto siano sregolati i suoi avvenimenti, per quanto fantastiche o terribili le sue avventure, essa possa dare ai bambini o agli uomini che l'ascoltano, quando giunge il «capovolgimento», un'esitazione nel respiro, un palpito ed un sobbalzo del cuore, prossimo alle lacrime, [...].[68]

L'importanza della consolazione all'interno del genere fiabesco viene messa in evidenza in contrapposizione alla presenza di un cattivo, rappresentato da Wertolt der Wüterich e il fatto che l'eroe-bambino non sia mai solo quando deve affrontare le sue disavventure, infatti l'aiutante Maialino e il deuteragonista Thekla non lo abbandonano mai e vivono con lui le preoccupazioni come le soddisfazioni. Secondo Bruno Bettelheim non esiste minaccia peggiore nella vita di quella che saremo abbandonati, lasciati completamente soli. Perciò la consolazione definitiva che la fiaba può offrire è che non verremo mai abbandonati. Bruno Bettelheim individua a

---

[67] K. BOIE, *Der kleine Ritter Trenk* http://www.kirsten-boie.de/kirsten-boie.interviews.php?kategorie=Interviews&id=9&sprache.de .
[68] *F*, p.225.

questo proposito un ciclo di fiabe turche in cui gli eroi vengono ripetutamente a trovarsi nelle situazioni più impossibili, ma riescono a sfuggire o a superare il pericolo non appena si sono conquistati un amico[69].

Riprendendo quanto anticipato all'inizio del paragrafo sullo studio di Propp, le "funzioni" che ho riscontrato nella vicenda di Trenk sono: *situazione iniziale, allontanamento, divieto, tranello, connivenza, danneggiamento, mediazione, partenza, reazione dell'eroe, fornitura* (conseguimento del mezzo magico), *trasferimento nello spazio tra due reami* (indicazione del cammino), *lotta, vittoria, nozze*[70].

Situazione iniziale:

Solitamente, nelle fiabe, si enumerano i membri della famiglia o si introduce il futuro eroe semplicemente col riportarne il nome o con l'indicarne la condizione. Viene narrata una situazione di singolare benessere in contrasto con le sciagure che faranno seguito. In *Der kleine Ritter Trenk und der Große Gefährliche* vengono subito presentati il protagonista e la sua condizione, si contestualizza la sua vicenda. Il campo della narrazione poi si restringe e ritroviamo Trenk al castello Hohenlob durante un banchetto ricco di cibi prelibati.

Mediazione:

La favola ha seguito col sopravvenire improvviso di una sciagura rappresentata qui dalla notizia che il drago sarebbe tornato a divorare le vergini e che la cattedrale è stata derubata. In relazione a ciò la situazione iniziale descrive condizioni di singolare benessere, a volte assai accentuato.

Divieto:

All'eroe è imposto un divieto, un ordine o un invito; nel caso specifico Trenk riceve dal signor principe l'ordine o comunque l'invito a tentare di sconfiggere il drago.

---

[69] B. BETTELHEIM, *MI*, p. 17.
[70] Per una visione più ampia delle funzioni cfr. V. JA. PROPP, *MF*, pp. 31-84.

Tranello, *connivenza* e *danneggiamento*:

Nella favola entra in scena un nuovo il personaggio che ha la funzione di antagonista, il cui ruolo è quello di turbare la pace della famiglia felice, provocare qualche sciagura, danno o menomazione. È giunto di corsa e in modo avventato, e comincia ad agire. Egli tenta di ingannare la vittima per impadronirsi di lei e dei suoi averi: Wertolt incastra il padre di Trenk accusandolo di aver derubato la cattedrale e facendo nascondere la refurtiva nel suo letamaio. L'antagonista arreca danno o menomazione a uno dei membri della famiglia ed è con questa funzione che ha inizio l'azione narrativa vera e propria: il padre di Trenk viene imprigionato. La vittima cade nell'inganno e con ciò favorisce involontariamente il nemico, infatti, Trenk segue, ignaro, l'antagonista verso il villaggio.

Partenza, *reazione dell'eroe* e *fornitura*:

Nella fiaba tradizionale a questo punto l'eroe abbandona la casa, mentre nella vicenda qui presa in esame questo momento si identifica con la seconda fuga di Trenk, inseguito dagli uomini di Wertolt. L'eroe è messo alla prova, interrogato o aggredito come preparazione al conseguimento di un mezzo o aiutante magico. Nella fiaba tradizionale entra ora in scena un nuovo personaggio che possiamo chiamare il donatore o più esattamente il procacciatore, che di solito si incontra per caso rappresentato da Thekla. Da lei l'eroe riceve un mezzo che solitamente è magico, ovvero la spada ammazza draghi. L'eroe reagisce all'operato del suo donatore e il mezzo magico perviene in suo possesso.

> L'eroe della favola di magia è il personaggio che è direttamente vittima dell'operato dell'antagonista nell'esordio o avverte la mancanza di qualcosa, oppure che accetta di porre rimedio alla sciagura o alla mancanza che affliggono un'altra persona. Durante lo svolgimento della vicenda l'eroe è il personaggio al quale viene fornito un mezzo (o aiutante) magico che egli adopera o che lo serve.[71]

---

[71] *MF*, p.55.

Trasferimento:

L'eroe si trasferisce, è portato o condotto sul luogo in cui si trova l'oggetto delle sue ricerche (trasferimento nello spazio tra due reami, indicazione del cammino) alla grotta dei carbonai ritrova la statua di Maria, che gli permetterà di scagionare sé e suo padre.

Nel racconto di Trenk vengono a confluire due vicende, la ricerca del drago pericoloso e il furto della cattedrale. Il trasferimento nella grotta dei carbonai rappresenta il momento di unione dei due "movimenti", quindi il punto di confluenza delle due vicende.

Lotta:

L'eroe e l'antagonista ingaggiano direttamente la lotta e qui nello specifico entrano in competizione attraverso l'astuzia: Wertolt viene smascherato dalla stupidità dei suoi uomini.

Nozze:

L'antagonista è vinto e l'eroe si può così sposare e salire al trono. A volte l'eroe invece della mano della figlia del re riceve una ricompensa in denaro o un risarcimento in altre forme, ed è quest'ultima possibilità che avviene nel testo qui preso in esame, in quanto Trenk è ancora un bambino di nove anni.

Il personaggio di Trenk è inoltre quello che il filologo russo chiama eroe vittima in contrapposizione alla figura dell'eroe cercatore. Thekla svolge invece il ruolo che Propp definisce con il termine "aiutante": non abbandona mai Trenk e gli dona la spada ammazza draghi. Quello di sconfiggere il drago è infatti il compito principale che viene assegnato a Trenk per poter raggiungere il lieto fine rappresentato dal banchetto durante il quale il protagonista riceve le dovute ricompense. Il drago in questo caso non è l'antagonista ma funge da mezzo per ottenere la ricompensa finale.

2.3.2. ELEMENTI DI DISCONTINUITÀ CON LA TRADIZIONE

Gli elementi che invece distanziano *Der kleine Ritter Trenk und der Große Gefährliche* dai modelli di fiaba tradizionale, avvicinando il racconto alla rielaborazione postmoderna delle fiabe di cui scrive Laura Tosi, riguardano il modo di narrare e di descrivere determinate situazioni, nonché la rivisitazione dei ruoli dei personaggi e delle loro funzioni all'interno della fiaba. Tutto il racconto si gioca sulla narrazione caratterizzata da umorismo e ironia.

Per quanto concerne questi ultimi due aspetti i personaggi hanno una loro psicologia ben caratterizzata laddove la fiaba tradizionale invece semplifica tutte le situazioni e i suoi personaggi sono nettamente tratteggiati, e i particolari, a meno che non siano molto importanti, sono eliminati. Tutti i personaggi delle fiabe popolari sono generalmente tipici anziché unici.

Nello specifico del testo di Trenk il ruolo della classica principessa delle fiabe che deve essere salvata dal principe viene sovvertito, ed è Thekla nella maggior parte dei casi a dover salvare Trenk: con ciò il ruolo dell'eroe viene privato della dimensione solenne e autoritaria che solitamente caratterizza questo personaggio nella maggior parte dei racconti. Il cattivo, l'antagonista Wertolt der Wüterich, non riceve la giusta punizione e riesce a fuggire, scomparendo dalla circolazione. In questo caso, l'ordine non viene ricostituito pienamente come avviene nelle fiabe tradizionali, ma non solo perché l'antagonista non viene punito, bensì anche alla luce di come Trenk agisce nei confronti dei due uomini di Wertolt imprigionati; egli chiede come ricompensa al principe che i due vengano liberati in quanto non avrebbero agito di loro spontanea volontà, ma costretti dal loro signore. Trenk dimostra in questa occasione tutta la sua umiltà: come ricompensa alle sue imprese avrebbe potuto desiderare qualsiasi altro bene materiale e invece decide di graziare coloro i quali avevano voluto incastrarlo.

La figura del drago, sia quella della draghessa che quella del grande drago pericoloso, perde il suo aspetto di ambiguità tra bene e male. In entrambi i casi questo personaggio non è il male come invece avevano sempre creduto tutti fino a quel momento. Il grande drago pericoloso non viene infatti ucciso come di consueto ma viene addomesticato.

Un altro aspetto riguardante il ruolo dei personaggi ha a che fare con le gerarchie sociali. Nel racconto qui preso in esame esse non vengono mantenute rigidamente come avviene nelle fiabe tradizionali, bensì vengono spesso sovvertite: signori e cavalieri si rapportano a servi della gleba e carbonai, danno loro credito e li ascoltano come figure dotate di autorità e credibilità. Spesso sono proprio i personaggi appartenenti a gerarchie sociali inferiori a rappresentare il lato onesto e risoluto della vicenda, quando i signori si lasciano andare a comportamenti atavici o infantili.

Anche le fughe che il testo mette in scena si discostano dalla tradizione della fiaba per quanto riguarda il loro significato non tanto per la vicenda quanto per il personaggio, perché in *Der kleine Ritter Trenk und der Große Gefährliche* l'eroe, non soggetto alle forze del destino, ha la consapevolezza delle sue azioni e conosce il motivo, o i motivi, che lo hanno portato ad allontanarsi da casa, si pone delle domande e agisce di conseguenza.

Per quanto riguarda il modo di narrare, come già detto in precedenza, tutto il racconto si gioca sull'umorismo e sull'ironia: il narratore descrive aspetti grotteschi e carnevaleschi della società del Medioevo, prendendo le distanze da un'idealizzazione dei valori della cavalleria, esaltati invece nella fiaba tradizionale. Quest'ultimo aspetto viene favorito anche dagli interventi costanti che attua il narratore durante lo svolgimento della vicenda.

Affronto di seguito l'analisi degli aspetti principali qui accennati.

2.4. IL TEMA DELLA FUGA

Il tema della fuga, volontaria o indotta da altri, è un tema a cui spesso fanno ricorso gli scrittori di libri per l'infanzia, sia che essi scelgano il genere fiabesco sia il racconto d'avventura. Basta citare gli esempi di *Hänsel e Gretel* o di *Biancaneve* per ricordarne l'importanza anche nella tradizione fiabesca di lingua tedesca.

La fuga pone il protagonista davanti a una serie di ostacoli, di difficoltà da superare per poter raggiungere i propri obiettivi. È necessaria affinché la vicenda si concluda con un lieto fine che spesso coincide e corrisponde con il raggiungimento dell'autorealizzazione. Solo se messo alla prova l'eroe può ottenere la consapevolezza di sé e delle proprie possibilità.

La fuga è intesa come viaggio, l'andare in giro per il mondo come maturità e crescita, come riscatto ed è condizione necessaria alla crescita che si ottiene superando gli ostacoli: una lotta contro le gravi difficoltà della vita è inevitabile, è una parte intrinseca dell'esistenza umana e soltanto chi non si ritrae intimorito ma affronta risolutamente avversità inaspettate e spesso immeritate può superare tutti gli ostacoli e alla fine uscire vittorioso.[72]

Secondo Bruno Bettelheim inoltre sarebbe importante fornire al bambino moderno immagini di eroi che devono uscire da soli nel mondo e che, benché originariamente all'oscuro delle cose ultime, trovano luoghi sicuri nel mondo seguendo la loro giusta via, diversa per ognuno, con profonda fiducia interiore. L'eroe delle fiabe agisce per un certo tempo nell'isolamento, così come il bambino moderno si sente spesso isolato. L'eroe viene aiutato dal fatto di essere a contatto con cose primitive (un albero, un animale, la natura). La sorte di questi eroi fa sperare al bambino, che come loro può sentirsi emarginato e abbandonato, che nel corso della vita verrà guidato ad ogni suo passo, e otterrà aiuto quando ne avrà bisogno. Il bambino ha bisogno della rassicurazione offerta dall'immagine dell'uomo isolato che malgrado ciò è in grado di stringere relazioni significative e compensatrici col mondo che lo circonda. La fiaba offre del materiale fantastico che suggerisce al bambino in forma simbolica in che cosa consista la battaglia per il conseguimento dell'autorealizzazione, e garantisce un lieto fine.

Nel testo qui preso in esame le due fughe sopra evidenziate, la prima accennata all'inizio del capitolo I e volta a contestualizzare la condizione generale di Trenk e la seconda sviluppata per tutto il racconto, sono la molla che dà avvio alla vicenda

---

[72] *MI*, pp. 13-14.

narrata. Infatti, solo fuggendo da una situazione complicata che lo potrebbe costringere a rimanere al villaggio, imprigionato, Trenk può aspirare a diventare finalmente un vero cavaliere affrancandosi così dalla vita di servo della gleba. La fuga è il movimento che aiuta l'eroe protagonista a raggiungere i suoi obiettivi.

Senza l'allontanamento di Trenk da casa tutto sarebbe rimasto immoto e invariato e la servitù della gleba sarebbe stata la sua condizione perenne. Questo tema è importante non solo per la storia in sé, ma anche dal punto di vista delle scelte narrative di Kirsten Boie, che con la sua scrittura fa vivere i suoi personaggi fuori dagli schemi e dalle convenzioni sociali, tanto che essi non si piegano al destino ma che lottano per raggiungere i propri obiettivi. La fuga è infatti per Trenk non allontanamento ed emancipazione dalla famiglia, bensì dalla sua condizione di servo della gleba costretto a subire le ingiustizie di Wertolt der Wüterich; il piccolo cavaliere fugge per poi ritornare una volta che ha risolto le sue questioni e realizzati i suoi desideri:

> Il protagonista [percepisce] la ristrettezza dei limiti posti dalla sua condizione infantile e [pone] la fuga, o la ribellione, come condizione necessaria della crescita. [Nella fuga vi è una] componente volontaristica e autodeterminata delle azioni e degli eventi, e l'amplissima libertà data dalla possibilità di scegliere.[73]

La fiaba si caratterizza già di per sé come luogo della metamorfosi e della trasformazione e solitamente offre la storia del ragazzino ignorato da tutti che si avventura nel mondo e riscuote un gran successo nella vita. I particolari possono differire, ma la trama fondamentalmente è sempre la stessa: l'improbabile eroe mette alla prova se stesso uccidendo draghi, risolvendo enigmi e vivendo grazie al suo ingegno e alla sua bontà finché alla fine libera la bellissima principessa, la sposa e poi vive per sempre felice con lei. Nel caso di Trenk ovviamente il matrimonio non può avvenire visto e considerato il fatto che si tratta di un bambino di nove anni e il matrimonio viene sostituito dalle ricompense.

---

[73] F. ORESTANO (a cura di), *Tempi Moderni nella* children's literature: *storie, personaggi, strumenti critici*, CUEM, Milano 2007, pp. 168; 170.

2.5. ASPETTI CARNEVALESCHI E GROTTESCHI

Il testo della Boie fa spesso ricorso al *Witz*, inteso come ironia e umorismo, risata. Il riso è per l'autrice di fondamentale importanza: «Lachen ist ja, sei es im Leben oder beim Lesen, eine hilfreiche Möglichkeit, auch mit Schwierigem und Schwerem besser fertig zu werden und ein bisschen Distanz zu gewinnen. Also ich bekenne mich zum Humor. Lachen stärkt das Immunsystem.»[74]

In alcune parti del racconto, e in particolare all'inizio e alla fine, il narratore si lascia andare a descrizioni particolareggiate del cibo e dei comportamenti tutt'altro che eleganti dei commensali; queste descrizioni hanno tutto il sapore delle abbuffate pantagrueliche tipiche del grottesco, analizzate da Michail Bachtin ne *L'opera di Rabelais e la cultura popolare*[75]. Secondo lo studioso russo la rappresentazione del banchetto descritto minuziosamente attraverso elenchi dettagliati implica una tendenza all'abbondanza e all'universalità, un momento in cui la parola e la gioiosa verità fanno da cornice, e si identifica in parte anche nelle descrizioni del corpo grottesco; infatti in questi momenti «il corpo supera i propri limiti, inghiotte, assimila, dilania il mondo, lo assorbe tutto, si arricchisce e cresce alle sue spalle.»[76] Il banchetto, o "gran festino" carnevalesco, afferma, celebra sempre la vittoria, una vittoria a cui partecipano tutti, nella quale vengono aboliti tutti i rapporti gerarchici: «[...] 'le conversazioni conviviali' sono dispensate dal rispettare le distanze gerarchiche fra le cose e i valori, e mescolano liberamente il sacro e il profano, l'alto e il basso, lo spirituale e il materiale.»[77] Le immagini che vengono evocate sono attive, trionfanti e hanno un carattere immediato, tangibilmente concreto.

---

[74] K. BOIE, *Der kleine Ritter Trenk*, http://www.kirsten-boie.de/kirsten-boie.interviews.php?kategorie=Interviews&id=9&sprache.de .
[75] M. BACHTIN, *L'opera di Rabelais e la cultura popolare. Riso, carnevale e festa nella tradizione medievale e rinascimentale*, Einaudi, Torino 1995 [1979].
[76] *Ibidem*, p. 307.
[77] *Ibidem*, p.312.

All'interno del testo di Trenk si ritrovano proprio alcuni degli aspetti principali che caratterizzano il grottesco, ovvero, il principio materiale corporeo, l'abbassamento, l'unione di sacro e profano, il riso e le descrizioni del banchetto.

Il principio materiale e corporeo è qui rappresentato dalle enormi pance dei commensali, mai sazie e avide di cibo, che impediscono addirittura il movimento e l'azione. Queste descrizioni sono di carattere iperbolico e presentano numerosi elementi caricaturali e parodici:

> „Die Kathedrale ausgeraubt?", rief auch der Ritter Hans, aber der sprang natürlich sowieso nicht auf, weil sein Bauch so rund und schwer war und ihn daran hinderte.

Secondo Bachtin il realismo grottesco (cioè il sistema di immagini della cultura comica popolare) unisce l'elemento del comico, quello sociale e infine quello corporeo che diventano un tutt'uno: «il principio materiale corporeo è presentato nel suo aspetto universale, utopico e festoso. Il comico, il sociale e il corporeo sono presentati qui in un'indissolubile unità, come un tutto organico e indivisibile. E questo tutto è gioioso e benefico.»[78]

Anche nel testo di Kirsten Boie questa dimensione gioiosa è alla base di minuziosi elenchi di cibi e bevande di ogni sorta che conferiscono felicità, sazietà e simbiosi con il mondo circostante:

> Irdene Teller und Becher aus Zinn waren ordentlich vor allen Plätzen verteilt, und dazwischen standen Platten voller Schweinebraten und Rinderbraten und fettglänzenden Hühnerschlegeln, und auf einer der Platten lag sogar ein ganzer glasierter Schweinskopf zwischen niedlichen kleinen Karotten und sah aus, als ob er lächelte.

---

[78] *Ibidem*, p. 24.

Il riso carnevalesco che si ritrova proprio durante questi banchetti mette tutti i partecipanti alla pari, sebbene appartenenti a ceti sociali differenti, e li unisce in senso universale:

> [Il riso] apparteneva a tutto il popolo; è universale ed è ambivalente: è gioioso, scoppia di allegria, ma è contemporaneamente beffardo, sarcastico, nega e afferma nello stesso tempo, seppellisce e resuscita. [...] Esso è diretto contro le stesse persone che ridono.[79]

Si tratta di aspetti carnevaleschi che ricorrono spesso nella letteratura per l'infanzia come sottolinea la scrittrice finlandese Riitta Oittinen «The belly is also a central "figure" in carnivalism – and we know how important eating and the names of food are in all children's literature. The eating child is an idyllic character and food is magic; it means happiness and safety.»[80]

L'unione di sacro e profano è un altro aspetto rilevante del grottesco, alla base del riso. Tutto ciò che è spirituale viene materializzato. Anche nel testo di Boie gli oggetti sacri vengono ad esempio profanati con il letame:

> Im Misthaufen!, sagte der Herr Fürst und starrte ungläubig auf den dampfenden kleinen Hügel, der neben der Kate [...], denn Mist besteht ja aus Pferdeäpfeln und Kuhfladen und dem, was die Schweine und Ziegen und Schafe so alles fallen lassen. [...] Inzwischen hatten die Mannen vor den staunenden Augen der Menge nämlich tatsächlich den Abendmahlskelch und den Hostienteller und das Kruzifix aus dem Misthaufen gegraben [...]. Eigentlich hätten die natürlich alle golden glänzen sollen, aber du kannst dir ja vorstellen, wie sie stattdessen jetzt aussahen.

Da non dimenticare l'aspetto dell'abbassamento che Bachtin intende letteralmente come un abbassamento del discorso narrativo sul piano corporeo e topografico, che serve a ridicolizzare la realtà; d'altro canto il "basso" viene identificato con la terra,

---

[79] M. BACHTIN, *R*, p.15.
[80] R. OITTINEN, Translating for children, Garland, New York 2000, [Da ora in poi citato mediante la sigla: *TJ*].

luogo di morte ma anche di rinascita. Questo aspetto si riscontra ad esempio nel testo quando i commensali si lasciano andare agli istinti più primordiali:

> Und dann hörte man eine ganze Weile wieder nur Kauen und Schmatzen und Schlucken und ab und zu übrigens, das muss ich jetzt hinter vorgehaltener Hand doch mal sagen, auch einen lauten Rülpser oder knatternden Donnerfurz; denn kleinlich waren sie nicht in den wilden Rittertagen, und wenn einem das Essen schmeckte, dann bewies man das damals am besten durch lautes Rülpsen und Pupserei.

La ragione per cui l'autrice ricorre a questi aspetti rientrerebbe nell'idea di rivisitare la rappresentazione di un preciso motivo fiabesco, quello del riscatto del bambino in un mondo di adulti, e nel desiderio di creare anche una certa distanza dagli eventi narrati, tramite l'umorismo e l'ironia, utilizzati in un tipo di letteratura, quella per l'infanzia appunto, stereotipata nel tempo e che probabilmente gli adulti hanno preso e prendono troppo sul serio in qualità di mezzo utile all'educazione e alla formazione didattica del bambino. Come afferma anche Francesca Orestano in *Tempi Moderni nella children's literature*:

> Scritta, commercializzata, acquistata da adulti, la letteratura per bambini e ragazzi, è stato osservato, esprime un'immagine di infanzia come una costruzione storicamente determinata da parte di un gruppo dominante, gli adulti, i quali inevitabilmente tendono a imporre il loro sistema di valori a un 'altro' da essi che può non essere (ancora) in grado di parlare, scrivere o comunque concettualizzare la propria cultura al di là dei luoghi caratteristici dell'interazione infantile o giovanile.[81]

Nel testo qui preso in esame si ritrova una contrapposizione tra l'identificazione con i protagonisti-bambini e gli aspetti grotteschi che li distanziano dal mondo dell'autorità dei grandi. Gli adulti con la loro pretesa di autorità vengono messi in ridicolo e vengono visti in una luce tutt'altro che positiva; infatti saranno i bambini

---

[81] F. ORESTANO (a cura di), *Tempi Moderni nella* children's literature: *storie, personaggi, strumenti critici*, CUEM, Milano 2007, p. 184.

protagonisti del racconto a riportare l'ordine nel caos di fraintendimenti e incomprensioni. Anche se partecipano ai banchetti sono sempre i primi ad allontanarsene.

All'interno del racconto avviene una frattura fra quelle che sono le regole fisse solitamente professate dagli adulti e le descrizioni grottesche del racconto:

> In addition to breaking the immovable, absolute, and unchanging norms, carnivalism (folk culture) and children's culture have many other things in common: love for the grotesque (the devil), ridicule of anything that is scary, curses as well as praise and abuse, games, and the mouth and eating.[82]

Il carnivalismo è utilizzato anche come forma di superamento della paura; secondo Bachtin nel Medioevo ogni cosa che potesse suscitare spavento veniva ridicolizzata e trattata in termini grotteschi.[83] Nel testo di Trenk la paura del drago, per esempio, viene sdrammatizzata e ridicolizzata dal ricorso alla fionda spara piselli che provoca all'animale solo solletico; ridicolizzata è anche la figura negativa di Wertolt der Wüterich, portatrice di cattive notizie, durante i banchetti e che distraggono dai suoi discorsi seri e catastrofici e su cui si focalizza l'attenzione; anche il principe con la sua ingenuità e la sua voglia di leggerezza scredita l'autorità dell'antagonista, ignorandone spesso le parole. Anche per queste caratteristiche si può riferire anche al nostro testo quanto John Stephens afferma in generale a proposito della letteratura per l'infanzia:

> Children's literature does have linguistic and narrative resources through which to mock and challenge authoritative figures and structures of the adult world – parents, teachers, political

---

[82] R. OITTINEN, *T*, p. 55.
[83] M. BACHTIN, *R*, p.

and religious institutions – and some of the (often traditionally male) values of society such as independence, individuality, and the activities of striving, aggression and conquest.[84]

Il linguaggio utilizzato dal narratore nel testo *Der kleine Ritter Trenk und der Große Gefährliche* rappresenta un nuovo tipo di comunicazione, caratterizzato da un frequente uso di imprecazioni come formule fisse, che qui nella saga vengono attenuate per essere adatte alla fruizione di un pubblico di bambini tra i cinque e i sei anni (*Potzblitz*), pronunciate tra l'altro da una bambina come Thekla.

L'estrema libertà del grottesco è possibile solo in un mondo da cui sia bandita ogni paura, in quanto sdrammatizza e allontana il pericolo aiutando a prendere le distanze da un particolare avvenimento o da un'azione particolare.

Ricollegandomi alla citazione di Kirsten Boie all'inizio di questo paragrafo e applicandola al testo di Trenk si capisce come il narratore voglia preparare il lettore ad affrontare le parti della vicenda caratterizzate da una tensione maggiore, come ad esempio le volte in cui appare Wertolt der Wüterich per comunicare brutte notizie come quella della cattedrale depredata, o quando Trenk affronta il drago.

2.6. INCURSIONI E INTERVENTI DEL NARRATORE

Il narratore di *Der kleine Ritter Trenk und der Große Gefährliche* è un narratore onnisciente che descrive e racconta in terza persona ma che non esita ad esprimersi in prima persona per intervenire direttamente nella storia narrata. Egli sa più dei personaggi che partecipano alla vicenda, di cui descrive volontà e stati d'animo, nonché le intenzioni; nel fare questo coinvolge direttamente il lettore, inteso qui sia come il bambino che legge la storia sia come il bambino che ne ascolta la lettura, non solo utilizzando il pronome personale *du*, ma spesso anche il pronome plurale *wir*, per metterlo al suo stesso livello di conoscenza, come se il narratore strizzasse l'occhio al suo lettore e gli consentisse di sapere più dei personaggi.

---

[84] J. STEPHENS, *Language and Ideology in children's fiction*, Longman, London 1992, p. 122. [Da ora in poi citato mediante la sigla: *LI*].

Quando il bambino non viene coinvolto al livello del narratore, viene coinvolto a livello dei protagonisti-bambini, nei momenti in cui il narratore riporta indirettamente lo scorrere dei loro pensieri e delle loro emozioni oppure facendo sì che il tempo della narrazione coincida con il tempo della vicenda, come se il lettore partecipasse attivamente alla stessa. Il bambino viene continuamente coinvolto e reso partecipe; così come il narratore conosce tutto e tutti. Numerose sono anche le domande retoriche che il narratore rivolge al bambino per aiutarlo a comprender meglio quanto viene narrato. La voce narrante si rivolge continuamente al bambino che legge o ascolta il racconto, in un costante rapporto atto a coinvolgere oppure per certi aspetti anche a distanziare, rassicurando, da ciò che viene narrato.

Analizzando il testo ho potuto individuare tre diverse tipologie di commento, ognuna caratterizzata da peculiarità e funzioni specifiche. Al primo tipo appartengono i commenti sulle abitudini della vita all'epoca del Medioevo; alla seconda tipologia appartengono i commenti riguardanti le diverse azioni del racconto; mentre una terza e ultima tipologia riguarda le incursioni del narratore atte a tranquillizzare, affrontando e allontanando da ciò che potrebbe suscitare paura, a insegnare e a dare avvertimenti al destinatario della storia, inserendo nella narrazione "pillole di vita".

Tuttavia, se da una parte questi interventi sono tesi a coinvolgere il lettore, dall'altra essi distraggono dal ritmo della vicenda tanto da suscitare talvolta la sensazione di superfluo.

Riporto qui di seguito alcuni esempi concreti per ciascuna tipologia di intervento, di modo da entrare più approfonditamente nel testo.

a) Supportano il bambino e lo aiutano in una migliore comprensione del periodo storico con il quale con tutta probabilità non ha ancora familiarizzato. In questo modo il lettore può immagazzinare nuove informazioni, *Sachwissen*.

Nella seguente descrizione il narratore parla delle abitudini alimentari e a tavola dell'epoca:

Die Tischsitten waren damals nämlich leider noch etwas rau, musst du wissen, und Servietten waren selten im Gebrauch; darum hatte der Ärmel auch schon eine Farbe, für die mir kein Name einfällt, und ziemlich klebrig war er auch. Aber so störte in der finsteren Ritterzeit niemanden sehr.

Di seguito viene invece messo in luce un paradosso riguardante la giustizia al tempo del Medioevo, quando le punizioni corporali ai danni dei contadini venivano approvate mentre il furto in una cattedrale poteva essere punito con la pena di morte:

Ein Kirchenraub war in der finsteren Ritterzeit nämlich so ungefähr das schlimmste Verbrechen, das man sich vorstellen konnte, und darauf stand sogar die Todesstrafe; was ja vielleicht etwas merkwürdig ist, wenn man sich überlegt, dass niemand sich darüber aufregte, wenn ein Ritter seine Bauern auspeitschte.

L'ultimo esempio si riferisce invece alle credenze popolari negli spiriti maligni, credenze che il narratore al contempo scredita:

Na, du findest das bestimmt ziemlich albern, weil du ja weißt, dass es böse Geister gar nicht gibt, es gibt ja nicht mal *nette* Geister. Aber die Menschen damals in den finsteren Zeiten wussten das eben noch nicht und glaubten an alle möglichen Sachen, über die wir heute nur lachen.

Inoltre è importante rilevare come il ricorso all'espressione temporale *damals*, ricorrente in ognuno di questi interventi, distacchi il lettore da ciò che succedeva allora e che oggi, fortunatamente, non avviene più.

b) Il narratore interviene spesso durante lo svolgimento dell'azione, coinvolgendo anche il lettore tramite riferimenti diretti o domande retoriche. Nonostante il bambino però possa sentirsi coinvolto in prima persona nella storia, e quindi farsene protagonista, alcuni di questi interventi risultano di fatto pesanti quando non addirittura fuori luogo; essi non aggiungono niente che possa aiutare il bambino a comprendere maggiormente ciò che avviene nel testo. Questi interventi distraggono dal ritmo della storia che si sta sviluppando proprio nel momento in cui il bambino legge o ascolta, tanto che talvolta il narratore deve interrompere il suo intervento per riprendere la narrazione. Per citare un esempio:

> Aber wie es dabei zuging, das kann ich dir im Augenblick leider nicht mehr erzählen, weil es nämlich an der Festtafel jetzt wieder sehr spannend wurde.

Nell'esempio riportato di seguito il narratore coinvolge direttamente il lettore per quegli aspetti che considera rilevanti per il bambino. Il coinvolgimento diretto precede un ulteriore intervento che potrebbe rientrare nella categoria successiva, riguardante le „pillole di vita":

> Hast du das gemerkt? Obwohl er sich ja verteidigen musste, belog Trenk den Herrn Fürsten nicht so ganz richtig, denn dass Lügen nicht gut ist, hatten ihm schon seine Eltern in ihrer armseligen Kate in Wertolts Dorf beigebracht.

Talvolta il narratore sottolinea qui ciò che il lettore dovrebbe aver già intuito da solo, oppure anticipa ciò che accadrà in seguito nella vicenda, come negli esempi seguenti:

> Aber für Trenk war Theklas Vorschlag die Rettung, das kannst du dir vorstellen.

> Na, wenn er sich da mal nicht täuschte.

c) Gli interventi appartenenti alla tipologia sono dei veri e propri consigli, quando non ammonimenti, che il narratore dà al suo lettore per tranquillizzarlo subito dopo una scena con immagini piuttosto violente e che potrebbero suscitare ansia e preoccupazione. Il bambino non ha tempo di provare paura perché viene subito messo in guardia con l'anticipazione dell'esito di un'azione, oppure viene rassicurato sul fatto che nonostante tutti i pericoli e ostacoli la vicenda finirà sempre nel migliore dei modi, soprattutto se si ha fiducia in se stessi e nelle proprie capacità.

Il narratore avverte e rassicura il lettore; quando la paura raggiunge i massimi livelli tutto inizia a risolversi. È chiaro come qui questo intervento sia volto puramente a tranquillizzare il bambino durante la lettura, perché nella vita reale non sempre accade così. Per fare un esempio:

> Gerade wenn die Angst am größten ist, das hatte Trenk schon oft erlebt, wendet sich dann doch noch alles zum Guten, das kannst du dir gerne merken.

In altri casi il narratore esalta l'importanza di restare uniti per superare le difficoltà, assicurando il bambino che l'unione è l'unico modo perché tutto vada per il meglio:

> „Er riecht uns, Thekla, der Drache riecht Menschenfleisch! Er weiß nur noch nicht genau, wo wir stecken, damit er uns endlich verschlingen und fressen und zu Drachenfutter machen kann!" Nein, das war jetzt doch wirklich gruselig! Aber wenn du darum vielleicht ein klitzekleines bisschen Angst gekriegt haben solltest, […], dann will ich dir hier lieber schon mal verraten, dass natürlich am Ende alles gut ausgeht; denn Trenk und Thekla besiegt ja so leicht keiner, jedenfalls nicht, wenn die beiden zusammenhalten.

Il narratore auspica che il lettore, così come i personaggi, prendano decisioni volontariamente, consapevoli delle proprie capacità:

> Denn wenn man sein Geschick selbst in die Hand nimmt und nicht mehr immer nur darauf wartet, dass alle Probleme sich ganz von allein lösen, dann fühlt man sich auch gleich viel besser. Das kannst du gern mal ausprobieren.

Il narratore avvisa il bambino affermando che nel mondo le cose non vanno sempre come devono andare e bisogna essere pronti a qualsiasi evenienza; ma anche che la salvezza il più delle volte arriva da qualcosa o qualcuno di inaspettato:

> Aber nun muss ich dir leider berichten, dass es doch nicht immer gerecht zugeht auf der Welt.

Aber wie es schon so oft war in Trenks Leben, und in deinem hoffentlich auch, kam jetzt die Rettung von unerwarteter Seite.

Nel loro complesso, questi interventi hanno una certa rilevanza visti anche alla luce di ciò che Kirsten Boie esprime nei suoi saggi a riguardo di una precisa idea di letteratura per l'infanzia incentrata sull'importanza di instaurare un rapporto diretto con il lettore o ascoltatore bambino, per coinvolgerlo e accompagnarlo per tutta la vicenda.

2.7. INTERSTESTUALITÀ

Con il termine 'intertestualità' si intende generalmente una relazione interdipendente tra testi; l'idea che sta alla base di questo concetto è che nessun testo esista indipendentemente da altri, altri generi o altre convenzioni, in un continuo influenzarsi, «all texts inhabit an intertextual space».[85] Il primo aspetto di intertestualità che si ritrova all'interno del testo qui preso in esame riguarda l'intertestualità della serie stessa, ognuno dei sette libri della saga infatti si richiama con rimandi continui ai personaggi, alle situazioni e alle condizioni generali e contestuali.

Rifacendomi invece a John Stephens che nel suo lavoro *Language and Ideology in children's fiction* distingue sette categorie intertestuali[86], ho riconosciuto all'interno del testo della Boie *Der kleine Ritter Trenk und der Große Gefährliche* quattro di queste categorie:

a) Testi precedenti a cui si allude tramite citazione diretta o allusione: come già accennato in Trenk si fa riferimento a un certo Siegfried che uccise il drago e diventò invulnerabile facendosi il bagno nel suo sangue, è un esplicito riferimento all'eroe del *Niebelungenlied*. Un secondo riferimento riguarda invece la parola *Tafelrunde*, che il narratore utilizza per descrivere il banchetto

---

[85] *LI*, p. 84.
[86] Per un'idea più approfondita sull'intertestualità nei libri per l'infanzia si veda J. STEPHENS, *Language and Ideology in children's fiction*, Longman, London 1992, pp. 84-85.

di festa finale e che riecheggia il ciclo Arturiano e i cavalieri della Tavola
Rotonda;

b) Un archetipo (es. l'eroe errante che libera il regno da una maledizione o da un
mostro, il sopravvissuto, il paradiso in terra ecc.): nel testo di Boie quelli del
pericolo drago e della fuga dell'eroe alla ricerca del riscatto sociale;

c) Generi (come fiabe popolari o 'school-story') convenzionalizzati nei contenuti,
nelle strutture, nei personaggi e negli schemi di comportamento rappresentati:
come espresso nei paragrafi precedenti il testo di Trenk ricalca alcuni aspetti
della fiaba tradizionale;

d) Racconti storico-sociali o momenti storici: *Der kleine Ritter Trenk und der
Große Gefährliche* si svolge nel Medioevo e per questo le descrizioni ne
rispecchiano il periodo storico.[87]

2.7.1. LA FIGURA DEL DRAGO

La figura del drago viene spesso utilizzata nella letteratura per l'infanzia; è uno
dei personaggi 'classici', come fate, folletti e giganti, che animano la tradizione
fiabesca. L'ambiguità tra bene e male lo caratterizza: è sì custode della saggezza,
depositario del sapere, dispensatore di conoscenze e poteri sconosciuti, ma
rappresenta comunque l'elemento estraneo di cui avere paura e la sua uccisione
viene vista come il principale dovere del più grande degli eroi.

Il drago rappresenta il pericolo per eccellenza di molti racconti per l'infanzia
ambientati in un Medioevo fiabesco, inteso come tempo e luogo lontani da noi e
che grazie a ciò viene percepito come mistero e indefinitezza. Ma la figura del
drago non si limita ad essere un richiamo intertestuale che spesso il bambino
piccolo non può ancora cogliere, come, ad esempio, della fiaba dei fratelli *Grimm
I due fratelli*, fiaba nella quale si narra di un drago che devasta un intero paese se
ogni anno non gli viene sacrificata una vergine, oppure della mitologia germanica
che narra di Siegfried uccisore del drago nel Cantare dei Nibelunghi, il drago egli
rappresenta anche tutto un mondo nell'immaginario del lettore.

---

[87] Cfr. J. STEPHENS, *Language and Ideology in children's fiction*, Longman, London 1992, pp. 84-85.

Nelle leggende il drago è una potente creazione dell'immaginazione, della fantasia, e in qualsiasi mondo si situi la sua esistenza, si tratta pur sempre di un altro mondo, un mondo diverso, da quello del lettore; egli vive in quel Mondo Secondario di cui parlava Tolkien.

Spesso però questa creatura fantastica nei racconti per l'infanzia di stampo fiabesco o avventuroso incarna il male, non privo delle sue attrattive e che spesso ha temporaneamente la meglio; il bambino infatti ne è spesso affascinato, per la sua enormità, le sue immense proporzioni, la sua capacità di sputare fuoco, tutte caratteristiche capaci di esercitare una forte attrazione sull'immaginazione del lettore o ascoltatore, soprattutto in età prescolare. Su questo aspetto insiste ad esempio Roberto Denti:

[I draghi sono] grossi, smisurati, senza misure nostre, del mondo degli adulti: c'è nel bambino quella percezione del volume che è sua perché costitutivamente connessa con la percezione della forma. La "mostruosità" della forma è resa fantasticamente con la naturalezza del volume innaturale. Nel bambino classico del periodo di latenza, soprattutto il bambino dei primi anni delle elementari, si sa che questa pregnanza spaziale è più forte di quella temporale. È un bambino che comincia a sublimare nell'intelligenza i suoi mostri interni. Più che il tempo lontano coglie uno spazio lontano. I libri sui mostri fortunatamente portano misure, epoche, condizioni di vita, nomi giganteschi risonanti in una lingua universale e fanciullesca, quella di una scienza che sconfina col nulla, ben diversa dai meccanici scioglilingua delle formule chimiche, meno umanistica e barocca delle nomenclature della flora, una lingua in cui compaiono unghie immense, creste vive, vertebre monumentali.[88]

La figura del grande drago pericoloso, da cui il titolo *Der kleine Ritter Trenk und der Große Gefährliche*, rappresenta per buona parte del libro una minaccia per Trenk e per tutti gli abitanti del regno; egli sarebbe secondo le credenze di quel tempo un enorme e pericoloso divoratore di vergini. Nel racconto si dice che nessuno, fatta eccezione per il leggendario Siegfried, sarebbe mai riuscito a sconfiggere un drago e ciò non fa altro che aumentare la tensione e la paura nei suoi confronti. Una paura che

---

[88] R. DENTI, *I bambini leggono*, Il Castoro, Milano 2012 [1978], p.82.

viene però stemperata quanto Trenk e Thekla si trovano di fronte per la prima volta questa creatura mostruosa e decidono di affrontarla con una ridicola fionda spara piselli in grado di provocare all'enorme mostro solo del solletico.

Al momento della lotta finale però il drago assume una dimensione quasi umana: nei suoi occhi l'eroe vede quella sua stessa paura e capisce che in fondo quell'animale è pur sempre un drago, ed è la sua natura a condizionarlo nei comportamenti. Questa dimensione viene accentuata dalla scoperta che il grande drago pericoloso è innamorato della draghessa, che con i suoi tre cuccioli, rappresenta la parte buona, amichevole e gentile dei draghi.

Ad aumentare il senso di attrazione e allo stesso tempo di paura nei confronti del drago contribuisce l'ambiente in cui questo vive, ovvero la foresta che grazie alla sua caratteristica di oscurità che crea disorientamento all'essere umano, rappresenta il luogo dove una creatura mostruosa e terrificante potrebbe tranquillamente vivere, «As a concept has overtones of Lewis's Narnia, Tolkien's Middle Earth and even A.A. Milne's Hundred Acre Wood. It is a dark and impenetrabile space imbued with deep magic; it is a closed space that both protects and threatens.»[89]

Secondo Bruno Bettelheim la foresta simboleggerebbe inoltre il luogo dove viene affrontata e superata una lotta interiore, dove è risolta l'incertezza sulla propria identità, e dove l'individuo comincia a comprendere chi vuole essere. Fin dall'antichità la foresta quasi impenetrabile dove ci perdiamo ha simboleggiato l'oscuro, nascosto, quasi impenetrabile mondo del nostro inconscio. Spesso in questa foresta oscura l'eroe della fiaba incontra la creazione dei suoi desideri e delle sue ansie. In Trenk infatti entrambi gli incontri ravvicinati con il grande drago pericoloso avvengono all'improvviso nella foresta.

Il drago è anche un ostacolo da superare per affrontare le proprie paure e raggiungere la propria indipendenza, ed è così anche per Trenk. Ma Kirsten Boie altera la conclusione per lo più scontata dell'uccisione del drago, che viene invece addomesticato, non per una qualche capacità sovrumana del piccolo cavaliere, ma

---

[89] J. ECCLESHARE, *A Guide to the Harry Potter Novels*, Continuum, London-New York, p.58.

solo perché innamorato e reso docile dai suoi stessi sentimenti. In fondo la paura che questi draghi suscitano è dovuta a delle credenze e non si basa su fatti realmente accaduti. Né mamma drago né il pericoloso drago hanno fatto mai del male a qualcuno. A vicenda conclusa il drago, che solitamente nelle leggende e nei racconti viene ucciso, qui viene addomesticato, acquisendo il ruolo di alleato del regno. Boie conosce bene questa tradizione testuale e sembra apparentemente seguirla per poi sconvolgerla nel momento decisivo della storia.

CAPITOLO 3: COMMENTO ALLA TRADUZIONE

3.1. *Tradurre la letteratura per l'infanzia: considerazioni generali*

La traduzione, in generale, è un atto di riscrittura di un testo in una lingua diversa da quella in cui è scritto, che richiede una serie di valutazioni e decisioni da parte del traduttore: è un processo di *problem solving*. Rifacendomi a quanto detto da Laura Salmon in *Teoria e Tecnica della Traduzione*[90] considero generalmente il compito della traduzione come un progetto secondo il quale il messaggio di un testo A in una lingua A deve essere veicolato in un testo B in una lingua B, «il [cui] fine ultimo […] è la costituzione di un rapporto tra due testi (uno esistente e uno previsto) mediante una ricodifica interlinguistica operata in base a un sistema di gerarchie»[91]. Durante questo processo è quasi impossibile che il traduttore non si lasci influenzare dalle proprie esperienze di vita e di lettura, dalla propria cultura e dalla propria personalità, nonché da ultimo, ma non per importanza, dalla propria lingua madre. Per questi motivi sposo la teoria di Salmon, che riprende il pensiero del teorico della traduzione Jiří Levý, anche nel vedere la traduzione come un processo di adattamento necessario:

> Le corrispondenze intertestuali sono soggette a interpretazione e la componente interpretativa determina a sua volta le opzioni interlinguistiche. Quello che il traduttore stabilisce inizialmente condiziona le strategie impiegate successivamente e guida il processo decisionale. [92]

Ogni traduzione include e presuppone un adattamento, come ricorda anche la traduttrice finlandese per l'infanzia Riitta Oittinen nel suo *Translating for children*[93]:

---

[90] L. SALMON, *Teoria della Traduzione. Storia, scienza, professione*, Avallardi, Milano 2003. [Da ora in poi citato mediante la sigla: *TT*].
[91] *Ibidem* p.197.
[92] *Ibidem* p.197. Cfr. J. LEVÝ, *La traduzione come processo decisionale*, in S. NEERGARD (a cura di), *La teoria della traduzione nella storia*, Bompiani, Milano 1993.
[93] R. OITTINEN, *Translating for children*, Garland, New York 2000. [Da ora in poi citato mediante la sigla: *TC*].

«after all, all translation is to some extent domestication.»[94] Infatti, diversi sono i fattori che cambiano al momento della traduzione e che influenzano la situazione: il tempo, ossia la distanza temporale tra il testo A e il testo B, lo spazio, inteso in senso geografico come regioni, nazioni o paesi diversi, e la cultura. Non si può dimenticare l'individuo traduttore che in quanto essere umano con le proprie ideologie apporta un'interpretazione individuale del contesto.

Nello specifico, alla traduzione di libri per l'infanzia si aggiungono altri due aspetti altrettanto rilevanti e da tenere costantemente presenti, ovvero, l'immagine che il traduttore ha dell'infanzia e il ricordo delle emozioni e delle sensazioni di quando lui stesso era un bambino. Così come Kirsten Boie sottolinea l'importanza per lo scrittore di libri per bambini di non perdere mai di vista la propria dimensione dell'infanzia per potersi maggiormente avvicinare ai lettori, così il traduttore non può mai trascurare l'immagine della propria fanciullezza e la prospettiva che detiene ora da adulto di quel preciso periodo della vita.

A riguardo si esprime ampiamente la Oittinen:

> Translators of children's literature are readers who bring dimensions from childhood to their reading experiences. Although usually adults, they do not just translate as adults. Every grown-up is a former child who one way or the other carries a child within. When translating for children, translators are holding a discussion with all children: the history of childhood, the child of their time, the former and present child within themselves – the adult's childhood and how they remember it.[95]

Durante il progetto di traduzione il testo viene riscritto e ricreato poiché è di fondamentale importanza che venga capito dai lettori della lingua d'arrivo. Il traduttore deve avere in mente un lettore target "ideale" (che qui definiremo lettore implicito) al quale il testo tradotto dovrà rivolgersi, chiamato da Oittinen *superaddressee*[96] che, nel caso specifico della letteratura per l'infanzia, corrisponde all'immagine che il traduttore per l'infanzia ha del mondo dei bambini. Durante il

---

[94] R. OITTINEN, p. XIV.
[95] *Ibidem*, p.26.
[96] *Ibidem*, p.24.

processo di traduzione, infatti, diverse sono le prospettive da tener presenti che contribuiscono al risultato finale dell'opera:

- Il vero autore,
- Il lettore implicito dell'originale,
- La voce del traduttore,
- Il lettore implicito del testo tradotto.

È però anche vero che il traduttore è prima di tutto un lettore; egli si muove continuamente tra i due testi, l'originale e la traduzione, e comunica al lettore target del testo tradotto la propria esperienza di lettura. Il traduttore si pone in costante dialogo con il testo di partenza:

> Children's literature tends to be more directed toward its readers. This is very important: for me, this is the key to translating for children, which, as I find it, should rather be defined in terms of the readers of the translations. The translator is, first of all, a reader who travels back and forth both in and between texts, the text of the original and the text of her/his own. [...] Yet the translator is a very special kind of reader: she/he is sharing her/his reading experience with target-language readers. Translation is always based on the translator's reading experience, on the dialogic transaction between the reader and the (author of the) book.[97]

Il traduttore si lascia influenzare, soprattutto nelle scelte lessicali, dalla propria immagine dell'infanzia e da ciò che evocano le parole con le loro sfumature di significato, ed è bene che ne abbia consapevolezza; egli deve avere familiarità con il lessico e la sintassi che utilizza per la traduzione.

Il testo da me tradotto è ambientato all'epoca del Medioevo e contiene elementi narrativi che già di per sé vengono recepiti come stranianti e allontanano il testo dalla quotidianità del bambino, alla quale il racconto non potrebbe mai omologarsi[98], in quanto perderebbe le proprie caratteristiche distintive di indefinitezza, lontananza spaziale e temporale, e di leggenda:

---

[97] R. OITTINEN, *Translating for children*, p.65.
[98] Con il termine omologazione intendo l'avvicinamento il più possibile di un testo in traduzione alla lingua e alla cultura del testo di arrivo, in questo caso l'italiano.

Non si deve trascurare il fatto che taluni elementi di distanza culturale emergono da soli, non solo in base alla forma delle parole, ma anche in base a ciò di cui si parla e alle associazioni che si creano: in un italiano scorrevole e formalmente abituale (attendibile) possono comunque essere accostati messaggi che evocano associazioni nuove e che, con ciò stesso, provocano una conversione nella struttura cognitiva del destinatario. […] Per ottenere un effetto estetico (gradito), non si deve eccedere in estraneità, si deve mantenere vivo un legame tra il testo e le attese del destinatario.[99]

Sono principalmente tre i piani linguistici su cui si è basata la mia traduzione: la funzione comunicativa, le scelte lessicali e il ritmo narrativo. Il testo per l'infanzia *Der kleine Ritter Trenk und der Große Gefährliche* è ben leggibile, scorrevole, armonico e semplificato, e il mio obiettivo è stato quello di rendere queste caratteristiche anche nel testo italiano. Ho cercato di tenere sempre in mente il lettore target del testo e della mia traduzione, così come la dimensione multifunzionale del testo, che può essere volto all'intrattenimento, all'insegnamento, o a uno scopo educativo. Le ambiguità che potevano verificarsi in traduzione sono state eliminate facendo piuttosto ricorso alla ripetizione di un'espressione o all'aggiunta minima di uno o due elementi linguistici. Inoltre, nella traduzione ho cercato di mantenere la funzione comunicativa del testo che ho cercato di mantenere nella traduzione in italiano: il linguaggio edulcorato, tipico del testo di Kirsten Boie e in genere della letteratura per l'infanzia che ricorso all'uso di diminutivi piuttosto che vezzeggiativi, e quando si tratta di turpiloquio attenua il registro.

La lettura o l'ascolto del testo qui preso in esame dovrebbero risultare al bambino come momenti piacevoli da ricordare, e a questo scopo ho cercato di essere il più creativa e propositiva possibile soprattutto nella resa lessicale. I futuri lettori della saga di Trenk in traduzione sono infatti sia bambini sia adulti che leggono ad alta voce al bambino che ascolta la storia. Per questo ho prestato particolare attenzione alla punteggiatura, talvolta deviando dalla norma, per conferire al testo ritmo sia per la vista che per l'udito. Il testo dovrebbe scorrere ed essere armonico. Il testo fa sì che

---

[99] *TT*, p.208.

l'adulto che legge ad alta voce si sintonizzi sul bambino ascoltatore – ripete, rallenta, reagisce alle reazioni del bambino suscitate dalla vicenda. Condividendo quanto Riitta Oittinen afferma sulla traduzione per l'infanzia:

> The translator translating for children should [remember] that a child under school age listens to the texts read aloud, which means that the text should live, roll, taste good on the reading adult's tongue. The translator of a fairy tale, a novel, a poem, or a play for children must take into consideration which senses she/he is translating for.[100]

Infatti quando un bambino legge o ascolta una storia non si domanda se questa sia frutto di una traduzione o meno, ma la interpreta, la vive e le dona nuovo significato: si crea immediatamente una vera e propria naturalizzazione linguistica.

3.2. *Nomi propri*

I nomi sono un aspetto molto rilevante in una traduzione per l'infanzia in quanto hanno un legame diretto con la vicenda dei personaggi che portano quel particolare nome e suscitano sfumature emotive che influenzano la ricezione di tutto il testo. Essi risvegliano spesso sentimenti e provocano reazioni nel lettore o ascoltatore, che fa associazioni e collega direttamente e involontariamente quel nome a delle particolari sensazioni.

Essi devono essere adatti al personaggio che li porta, per caratteristiche fisiche, morali ed emotive; forniscono delle informazioni specifiche sul personaggio e ne possono indicare non solo il sesso o la provenienza bensì, soprattutto per quanto riguarda i nomi cosiddetti "parlanti", avere anche un valore evocativo che si lega al personaggio e alle vicende che lo riguardano. Questo particolare valore evocativo crea nel lettore delle aspettative per ciò che concerne l'intero svolgimento della vicenda e il ruolo giocato al suo interno dai personaggi portatori di nomi.

---

[100] *TC*, p.32.

Sulle diverse sfumature di significato dei nomi nei racconti si è basata la mia traduzione. Nel testo *Der kleine Ritter Trenk und der Große Gefährliche* i nomi e i cognomi da me tradotti sono stati quelli di Trenk e Haug Tausendschlag, Wertolt der Wüterich, Hans e Thekla von Hohenlob, Mariechen e Der Große Gefährliche. Per ognuno ho adottato una tecnica differente, sempre comunque con l'intento di renderli evocativi o più trasparenti nella lingua di arrivo.

Il cognome del protagonista e di suo padre, *Tausendschlag*, è un nome composto e "parlante" che suggerisce la condizione sociale e il destino della famiglia di Trenk. La mia scelta non è stata quella di tradurlo letteralmente, ossia con *Millecolpi*, in quanto la parola "colpi" potrebbe evocare i colpi di pistola, che poco hanno a che fare con il periodo medievale. Ho optato per tradurre con Millesventure. Infatti, già a una prima lettura si può percepire una sfumatura negativa del cognome che poi si rifletterà in parte della storia, prima del riscatto finale. La famiglia di *Trenk*, infatti, è condannata, in quanto servi della gleba, ad obbedire e a subire senza limiti i soprusi del feudatario *Wertolt der Wüterich*. Inoltre, mantenendo lo stesso numero di lettere della versione tedesca, ho potuto rendere in modo migliore le battute in cui Thekla incita Trenk all'azione.

Con il cognome dei *von Hohenlob*, anch'esso un nome composto e "parlante", ho deciso di operare un calco traducendo letteralmente con *d'Altalode*, a indicare la bontà e la generosità degna di lode appunto del cavaliere e di suo figlia. Hans *von Hohenlob* infatti è colui che accoglierà Trenk al suo castello e lo aiuterà a raggiungere un posto migliore all'interno della società, senza per questo chiedere niente in cambio. Ho tradotto inoltre il *von* per sottolinearne l'importante ed elevata condizione sociale.

Wertolt der Wüterich, l'antagonista della vicenda, ha un nome proprio di fantasia accompagnato da un appellativo, quest'ultimo evocativo del carattere scontroso, violento e irruento, o comunque negativo, del personaggio. La scelta traduttiva da me operata è stata quella di *Furio il Furioso*.

Il nome della piccola carbonaia, *Mariechen*, è un diminutivo del nome reale Marie e ho deciso di tradurlo con "piccola Maria" preceduto dall'articolo determinativo "la". Esso non ha una particolare forza evocativa, ma caratterizza principalmente l'età della figura, il suo essere ancora piccola, ed esprime la dimensione affettiva con la quale il narratore, ma anche gli altri personaggi, si rivolgono alla figlia del capo dei carbonai.

Infine, *der Große Gefährliche*, nome composto da un aggettivo reso con l'iniziale maiuscola e da un aggettivo sostantivato. La mancanza del sostantivo o nome proprio contribuisce a creare un senso di indefinito e di indefinibile, e proprio per questo il nome è evocativo di un pericolo. La mia scelta traduttiva è stata quella di esplicitare con un sostantivo la natura di questo personaggio, rendendolo con *il Grande Drago Pericoloso*, tutto maiuscolo per sottolinearne l'imponenza e la pericolosità.

Per quanto riguarda i nomi propri, invece, di Trenk, Haug, Thekla e Hans, ho ritenuto necessario lasciarli in lingua originale, di modo che riuscissero ricordare immediatamente all'orecchio del bambino il luogo lontano e storico nel quale nasce e si sviluppa la vicenda, così che i bambini potessero anche familiarizzare con un testo non italiano. Inoltre, fatta eccezione per il nome proprio Hans, in italiano non esiste una corrispondenza effettiva di questi nomi.

3.3. *Funzione comunicativa*

Quello che avviene durante la traduzione e che il traduttore cerca di perseguire è la costruzione di un doppio sistema testuale, durante la quale ci si propone di riprodurre degli effetti analoghi nel lettore dell'opera della lingua di arrivo, così come quelli a cui tendeva il testo di partenza. Questi effetti scaturiscono da diversi piani del testo come quello stilistico, semantico, sintattico, metrico, fonosimbolico, nonché come già detto in precedenza da quello emotivo.

Per dirla alla Eco, nella traduzione non ho perseguito solamente l'obiettivo di un'equivalenza referenziale, bensì anche di un'equivalenza connotativa, intesa come «il modo in cui le parole o espressioni complesse possono stimolare nella mente degli ascoltatori o dei lettori le stesse associazioni e reazioni emotive.»[101]

Umberto Eco parla anche di "sceneggiature intertestuali"[102]: il traduttore va oltre la pura comprensione letterale e ricorre alle conoscenze enciclopediche, tra cui quelle dei generi letterari. Nel caso del testo da me tradotto per esempio è la sceneggiatura intertestuale, nella quale si ritrovano riferimenti a draghi e fatine dei denti, che mi suggerisce di collocare il testo e di conseguenza la mia traduzione in un mondo da fiaba, cercando di essere coerente con quel mondo, come per esempio nell'espressione «mit einem einzigen großen Happs» tradotta con «in un sol boccone» che richiama immediatamente, a chi ha familiarità con le fiabe, *Cappuccetto Rosso*, o ancora nell'espressione ricorrente «in den finsteren Ritterzeit» tradotta con «i tempi bui dei cavalieri». Nella mia traduzione ho quindi cercato di rispettare e rendere in italiano i riferimenti del testo – come può essere ad esempio quello fiabesco.

Ogni scelta traduttiva deve essere coerente con la dimensione, le situazioni e le descrizioni del testo che va a esprimere, a costo di perdere delle sfumature che nella lingua di arrivo non si possono rendere appieno in favore di altre, ritenute più rilevanti. Eco esprime questo pensiero utilizzando le parole di Hans–Georg Gadamer:

> Se nella traduzione vogliamo far risaltare un aspetto dell'originale che a noi appare importante, ciò può accadere solo, talvolta, a patto di lasciare in secondo piano o addirittura eliminare altri aspetti pure presenti. Ma questo è proprio ciò che chiamiamo interpretazione [...]. In quanto però [il traduttore] non sempre è in condizioni di esprimere tutte le dimensioni del testo il suo lavoro implica anche una continua rinuncia.[103]

Nel passaggio dal tedesco all'italiano ciò che ho adattato e modificato rispetto al testo di partenza è dovuto in molti casi all'esigenza di riprodurre la funzione comunicativa del narratore. Il testo viene così adattato attraverso determinati metodi

[101] *Ibidem*, p. 27.
[102] *Ibidem*, p. 50.
[103] H. G. GADAMER, *Verità e metodo*, Bompiani, Milano 1983, p. 351, cit. in U. ECO, *Dire quasi la stessa cosa. Esperienze di traduzione*, Bompiani, Milano 2010 [2003], pp. 92-93.

traduttivi come lo straniamento e l'omologazione. Se omologare o addomesticare significa manipolare il testo di partenza secondo le caratteristiche della cultura di arrivo e scegliere degli elementi recepibili come italiani, straniare è invece un artificio narrativo di cui la traduzione si avvale per creare distanza tra testo e lettore. Attuare un adattamento non significa comunque stravolgere il testo di partenza, bensì ricercare e perseguire l'intenzione di quel testo: «[...] ogni traduzione presenta dei margini di infedeltà rispetto a un nucleo di presunta fedeltà, ma la decisione circa la posizione del nucleo e l'ampiezza dei margini dipende dai fini che si pone il traduttore.»[104]

3.3.1. *Interventi del narratore: ritmo narrativo e scelte sintattiche*

Un testo come quello di Trenk qui preso in esame è pervaso dagli interventi del narratore e uno degli obiettivi della traduzione è stato proprio quello di renderli scorrevoli e appropriati anche in italiano. Gli interventi collocano il linguaggio vicino all'oralità, il livello linguistico è quello del parlato. Marina Foschi Albert delinea il confine fra stile scritturale e stile dell'oralità di un testo e indica come tratto di oralità la quantità di contenuto implicito che «àncora l'enunciato alla situazione comunicativa e rende il messaggio funzionale solo per l'interlocutore diretto.»[105] Caratteristiche di questi momenti narrativi sono anche la dialogicità tra narratore e lettore, la confidenza che si instaura fra i due soggetti e la ricerca della spontaneità, tipica del parlato, anche attraverso il mezzo scritto. Gli interventi del narratore, tutt'altro che sporadici, comportano una sospensione del racconto: il narratore si inserisce nel testo in prima persona e include il destinatario, ovvero, il bambino nel suo racconto.

La mia scelta di tradurre gli interventi del narratore al femminile, laddove il testo tedesco non specifica utilizzando il participio e quindi non ricorrendo all'indicazione

---

[104] U. ECO, *Dire quasi la stessa cosa. Esperienze di traduzione*, Bompiani, Milano 2010 [2003], p. 17, [Da ora in poi citato mediante la sigla: *D*].
[105] M. FOSCHI ALBERT, *Il profilo stilistico del testo. Guida al confronto intertestuale e interculturale (tedesco e italiano)*, Plus, Pisa 2009, p. 90.

di genere, non è di tipo ideologico ma è fortemente influenzata dalla concezione narrativa di Kirsten Boie, la quale esprime nei suoi saggi l'esigenza di un continuo dialogo non solo tra il narratore e il lettore ma anche tra l'autore stesso e il lettore dei suoi libri. Esulando dalla finzione del testo inoltre, nel suo sito internet l'autrice instaura un rapporto diretto con i bambini i quali possono comunicare direttamente con lei e offrirle suggerimenti per i racconti futuri. In questo modo Kirsten Boie consegna i suoi pensieri e le sue idee al narratore e fa sentire la sua voce, o almeno crea la finzione narrativa di un rapporto diretto con il destinatario della storia ed è anche per questo che ho optato per la forma al femminile.

Alcuni esempi di questa scelta traduttiva sono: «Na, da war ziemlich dumm von mir [...]»con «Quanto sono stata sciocca [...] oppure «Und damit ist diese Geschichte aus, und ich bin froh, dass sie ein gutes Ende gefunden hat» con «Così finisce la storia e sono contenta che si sia conclusa con un lieto fine.»

L'altro problema traduttivo ha riguardato la scelta del genere del destinatario. Come già detto, in alcuni interventi del narratore il testo prefigura il lettore e gli si rivolge direttamente, il destinatario della vicenda viene così identificato con il pronome personale *du*. In traduzione non ho seguito un unico criterio, nella maggior parte dei casi non è stato necessario fare alcun il riferimento al genere, maschile o femminile, del lettore come ad esempio al capitolo 2: «Hast du was gemerkt? [...]» tradotto con «Hai visto cosa ha fatto Trenk? [...]», mentre in altri, nei quali il testo richiedeva una scelta di genere, ho optato per quello maschile in quanto avevo in mente un possibile lettore immaginario, il lettore target, come ad esempio nell'espressione del capitolo 1 «Der kleine Ritter Trenk nämlich war, das findest du jetzt vielleicht erstaunlich, zuerst eigentlich gar kein Ritterjunge gewesen, sondern ein armer Bauernsohn» che ho tradotto con «Probabilmente rimarrai sorpreso, ma devi sapere che il piccolo cavaliere Trenk non era affatto il figlio di un cavaliere, ma quello di un povero contadino.»

Nel riprodurre le espressioni vicine al parlato ho spesso eliminato le *Gesprächpartikeln* tedesche preferendo invece rendere l'immediatezza comunicativa con un'espressione che risultasse il più possibile italiana, come ad esempio in «Na, das stimmte nun natürlich doch nicht so ganz, küssen tun Drachen sich ja eigentlich nicht direkt; und was sie stattdessen tun, hast du wohl inzwischen mitgekriegt […]» tradotta con «Naturalmente non è che funzioni proprio così, perché in realtà i draghi non si possono baciare veramente, e quello che invece fanno l'avrai nel frattempo già capito», «Na, das klang ja nun wirklich nach einer Spur» tradotta con «Questo sì che era un indizio, o almeno così sembrava.» oppure «Nein, das habe ich ja noch nie gehört, ein Drache, der schnurrt wie eine Katze!» tradotto con «E chi ha mai sentito parlare di un drago che fa le fusa come i gatti, io no di certo!»

A livello puramente sintattico ciò che nella traduzione ho "addomesticato" in misura maggiore riguarda la coordinazione espressa con la congiunzione *und*. In italiano la continua ripetizione della congiunzione "e" risulta pesante, anche se nel linguaggio indirizzato ai bambini le ripetizioni sono spesso utilizzate per evitare ogni possibile ambiguità. Perciò, in italiano ho dovuto effettuare dei tagli e favorire in certi casi la costruzione di frasi più brevi, inserire punteggiatura laddove trovavo un *und* che potesse risultare pesante al lettore del testo di arrivo, come negli esempi seguenti nei quali evidenzio in corsivo la congiunzione "und" e le soluzioni scelte in italiano:

Originale:
"Die Kathedrale ausgeraubt?", rief auch der Ritter Hans, aber der sprang natürlich sowieso nicht auf, weil sein Bauch so rund *und* schwer war *und* ihn daran hinderte. *Und* den gefährlichen Drachen hatte er nach dieser schrecklichen Nachricht wohl erst mal ganz und gar vergessen, *und* so ging es auch allen anderen.

Traduzione:
"La cattedrale saccheggiata?", chiese anche il cavaliere Hans, ma non balzò nemmeno in piedi perché la sua pancia era così rotonda *e* pesante *da* impedirglielo. *Dopo* questa tremenda notizia si dimenticò del tutto del pericoloso drago, *così come* se ne dimenticarono tutti gli altri.

Nur Thekla hatte natürlich nicht mitreiten dürfen, weil sie schließlich ein Mädchen war, *und* damals glaubten die Menschen tatsächlich, dass Mädchen zart *und* schwach *und* angstlich *und*, wenn es um Kämpfen ging, nicht sehr nützlich wären; *und* so fand auch Ritter Hans [...]

Traduzione:

Solo Thekla non avrebbe di sicuro potuto cavalcare con loro, perché ovviamente era una fanciulla e a quel tempo gli uomini pensavano che le donne fossero delicate, deboli, paurose e, quando si trattava di battaglie, non molto utili. *La* pensava così anche il cavaliere Hans [...]

Originale:

Aber jetzt hatten eben alle Köhler zusammen in der Höhle gesessen *und* über die Marienstatue gestaunt *und* über einen gerissenen Trick nachgedacht, da hatte keiner mehr aufgepasst. *Und* darum waren Ferkelchen *und* die Drachenkinder nun auch nirgendwo mehr zu entdecken.

Traduzione:

Ma proprio in quel momento i carbonai se ne stavano seduti tutti insieme nella grotta, *meravigliati* per la statua di Maria *e* concentrati a pensare a un piano scaltro, così che nessuno aveva più badato al resto. *Ecco* perché Maialino *e* i cuccioli di drago non si trovavano più da nessuna parte.

Originale:

Denn als die Bürger alle oben auf der Mauer standen *und* jubelten *und* als die Drachenkinder grunzten *und* Ferkelchen quiekte *und* die großen Drachen verliebte Drachenrufe ausstießen [, ...]

Traduzione:

Infatti mentre tutti i cittadini si trovavano lassù sulle mura *a gioire,* i cuccioli di drago grugnivano, Maialino squittiva *e* i grossi draghi lanciavano richiami d'amore [, ...]

O ancora, nelle espressioni come «["..."], sagte der Herr Fürst in strengem Ton und sah Wertolt unfreundlich an» nelle quali opto per la sostituzione di *und* con il gerundio: «[…] affermò il signor principe in tono severo guardandolo male».

Quando la congiunzione "und" è all'inizio di capoverso o quando è utilizzata all'interno dei dialoghi dei personaggi, ho tentato di non variarne l'utilizzo in italiano, come negli esempi seguenti: «Und tatsächlich war er auch zurückgekommen mit einem ganzen Sack voller Drachenzähne [– ...]» tradotto con «Ed era davvero ritornato con un grande sacco pieno di denti di drago [– ...]» oppure« "Und vielleicht habt ihr die Räuber sogar gesehen und wisst, wer sie sind!"» tadotto con «E forse avete addirittura visto i ladri e sapete chi sono!" o ancora « "Und was machen wir jetzt?"» tradotto con «E adesso cosa facciamo?»

3.3.2. *Lessico*

Il lessico nel testo tradotto ha il compito di veicolare le stesse sensazioni ed evocare la stessa atmosfera del testo di partenza anche nel testo di arrivo: all'opposizione straniare/addomesticare si accosta anche quella arcaicizzare/modernizzare. Eco, che instaura spesso un rapporto diretto con i suoi traduttori, scrive a proposito della sua opera *Il nome della rosa*:

> Io non avevo cercato di modernizzare i miei personaggi, e anzi chiedevo al mio lettore di diventare quanto più medievale possibile. Per esempio, lo mettevo in presenza di qualcosa che sarebbe parso strano ai suoi occhi, ma mostravo che i personaggi non se ne stupivano, e così si comprendeva che quella data cosa o comportamento erano normali nel mondo medievale. Oppure, al contrario, accennavo a qualcosa che il lettore contemporaneo avrebbe dovuto avvertire come normale, e mostravo che i personaggi se ne stupivano – così da rendere evidente che si trattava di qualcosa di inusuale a quei tempi.[106]

---

[106] U. ECO, *D*, p. 189.

È in qualche modo anche quello che ha voluto fare Kirsten Boie: il narratore di *Der kleine Ritter Trenk und der Große Gefährliche* inserisce qua e là nel racconto alcuni termini specialistici che veicolano nuove informazioni, o *Sachwissen*. Mi è sembrato opportuno non semplificare queste parole con sinonimi, in quanto vengono utilizzate dal narratore con lo scopo di arricchire il lessico e le nozioni del bambino. Per fare alcuni esempi: *Tross* (salmerie), *Kettenhemd* (cotta di maglia)*, Abendmalskelch* (piatto dell'eucarestia)*, Schienbeinschützern* (parastinco), *Ross* (destriero), *Dreschflegel* (careggiato), *Wehrgang* (cammino di ronda).

Il lessico di *Der kleine Ritter Trenk und der Große Gefährliche* si fonda su precisi campi semantici atti a conferire la giusta atmosfera medievale. Quelli che ho individuato nel testo riguardano appunto il Medioevo e la cavalleria, le battaglie e i combattimenti, nonché le gerarchie sociali dell'epoca: *Gottes Hilfe* (aiuto di Dio), *gutes und mutiges Herz* (cuore buono e valoroso), *Mut* o *Heldenmut* (coraggio, eroismo), *Tollkühnheit* (temerarietà), *Palast* (a palazzo); *Angriff* (attacco), *Schützen* (guardie), *Armbrust* (balestra), *Rüstung* (armatura), *drohen, ergreifen, abfeuern, schlagen* (battere), *bestrafen* (punire); *Landesherr* (proprietario terriero), *Grundherr* (signore territoriale), *Herr Fürst* (signor principe) e *Herr Ritter* (signor cavaliere). Questi esempi in traduzione sono stati resi più o meno letteralmente e non mi hanno creato problemi nello specifico, ma è stato comunque necessario mantenerne tutte le possibili sfumature di significato che le collocano in quel determinato campo semantico.

Nel testo qui preso in esame si ritrovano anche termini che si possono definire "estranei" al tempo e al luogo storici del racconto; questi hanno il compito di riportare il bambino lettore al mondo contemporaneo per aiutarlo ad avere un'idea più concreta e più vicina al proprio mondo, e favoriscono inoltre il dialogo fra adulto e bambino. Per fare alcuni esempi: *Busdepot* (rimessa degli autobus) *e Flugzeughalle* (hangar) volte a rendere le proporzioni della grotta dove i carbonai si sono nascosti, *zwei altmodische Nähmachinen* (due vecchie macchine da scrivere) per specificare il tipo di rumore emesso dai due draghi nel farsi le fusa, *Abrissbirne* (pala d'acciaio per demolizioni e non berta per demolizioni, forse un po' troppo specifico e di difficile contestualizzazione all'interno del testo perfino per un adulto) per descrivere il movimento della testa del drago contro la capanna dove si nascondono Trenk e Thekla. Pur ricorrendo a queste particolari parole che distanziano il lettore dall'atmosfera storica, il narratore si affretta a precisare che all'epoca questi oggetti non esistevano, rendendo sì più consapevole il lettore ma allo stesso tempo distraendo e allontanando per un istante dallo sviluppo del racconto. L'utilizzo di queste scelte traduttive è giustificato ai fini di uno straniamento dall'epoca medievale voluto dal narratore stesso.

Spesso quando si tratta invece di tradurre giochi di parole o ricorrenze di parole vi è una perdita assoluta, come al capitolo 20 del testo qui preso in esame «Du traust dich ja auch auf keinen Hof, den ein bissiger Hofhund bewacht [...]»nel quale il gioco di parole si basa sulla ripetizione della parola *Hof*, corte, all'interno del sostantivo composto *Hofhund*, cane da guardia; qui si sarebbe potuta attuare una forzatura e tradurre il composto con cane da cortile, ma si sarebbe persa la sfumatura del cane come guardiano in quanto un cane da cortile non è necessariamente anche da guardia; la mia soluzione finale è: «Non oseresti mai entrare in una corte sorvegliata da un cane da guardia [...]». Al capitolo 14, benché non avvenga una perdita assoluta, si viene a perdere l'efficacia immediata del gioco di parole nell'espressione tedesca:

Originale:

"Die Marienstatue!", flüsterte Thekla [, ...] Mariechen trat vorsichtig zu ihr hin und berührte die Figur ganz behutsam mit einem schmutzigen Finger. "Aber warum heißt sie wie ich? Warum heißt sie Mariechenstatue?" [...] "Mariechenstatue doch nicht! Marienstatue heißt sie!

Traduzione:

"La statua di Maria!", sussurrò Thekla [...] la piccola Maria avanzò con cautela verso di lei e toccò molto delicatamente la figura con un suo dito sporco. "Ma perché si chiama come me? Perché si chiama statua della piccola Maria?" [...] "Non si chiama statua della piccola Maria! Ma statua di Maria!"

Il gioco di parole è basato sull'ambiguità che si viene a creare con la quasi sinonimia dei nomi *Marie* e *Mariechen*; purtroppo in italiano questa ambiguità perde leggermente la sua efficacia in quanto la mia traduzione di *Mariechen* è stata *piccola Maria* e l'aggettivo posto davanti al nome proprio disambigua già a un primo ascolto la confusione che si potrebbe creare in lingua tedesca. In italiano, il fatto di dover abbandonare l'utilizzo dei sostantivi composti *Marienstatue* e *Mariechenstatue* contribuisce ad appiattire il gioco di parole.

Al capitolo 24 invece la mia traduzione per lo più letterale per recuperare il gioco di parole risulta comunque forzata:

Originale:

" [...] Der Wüterich hat ihnen befohlen, den Kirchenschatz zu rauben, und der Wüterich hat ihnen befohlen, ihn in Haugs Misthaufen zu verstecken und die Statue im Drachenwald; und wenn sie nicht getan hätten, was er wollte, hätte er sie bestimmt *einen Kopf kürzer gemacht!*" "Oder sogar zwei Köpfe!", sagte Mariechen [...] Zwei Köpfe konnte ja nicht mal der gemeine Wertolt jemanden kürzer machen, weil jeder Mensch schließlich nur einen Kopf hat [, ...]

Traduzione:

"[...] Il Furioso ha ordinato loro di rubare il tesoro sacro, il Furioso ha ordinato loro di nasconderlo nel letamaio di Haug e di nascondere la statua nella foresta del drago; se non avessero fatto ciò che voleva avrebbe sicuramente *fatto saltare una testa a qualcuno!*" "O addirittura due teste!", disse la piccola Maria [...] Il perfido Furio non poteva mica far saltare due teste a qualcuno, poiché in fin dei conti ogni uomo ha solo una testa [, ...]

Numerosi sono i modi di dire o espressioni idiomatiche, *Redewendungen,* presenti. La mia scelta traduttiva si è basata sull'omologazione e prevale quindi l'equivalenza connotativa: faccio sì che il lettore italiano venga posto nella stessa situazione in cui il testo di partenza voleva si trovasse il possibile lettore tedesco.

La traduzione letterale dell'espressione idiomatica, nella maggior parte dei casi, darebbe infatti origine a un senso diverso, se non addirittura a un non senso. Esempi nel testo sono: «ein Dorn im Auge» «una spina nel fianco», «da hatte der Drache wirklich die Nase voll» «il drago ne aveva le tasche piene», «sich einen Vogel zeigen» «dare del matto a qualcuno», «vor lauter Angst das Herz fast in die Hose gerutscht wäre» «dalla gran paura sentì quasi il cuore in gola».

3.4. *Il ruolo delle illustrazioni ai fini traduttivi*

Secondo Roberto Denti nel libro *I bambini leggono*[107] le illustrazioni aiutano il bambino lettore o ascoltatore a sviluppare le proprie capacità creative, affermando che «quello che più conta è la possibilità creativa che suscita nel bambino la sequenza delle immagini sia per fattore fantasia che per le logicizzazioni spazio-temporali.»[108]

In un libro per l'infanzia ricco di immagini proprio come è il testo da me qui tradotto che è stato illustrato da Barbara Scholz, le illustrazioni non fungono solo da decorazione, ma ricoprono un ruolo di supporto alla traduzione e sono per questo doppiamente rilevanti.

Pur non essendo il caso del racconto del cavaliere Trenk, in alcune esperienze traduttive è talmente importante la presenza delle immagini ai fini della comprensione della narrazione che potrebbe anche essere necessario un rifacimento delle illustrazioni per adattarle maggiormente a un testo scritto in un'altra lingua, caratterizzata da differenti sfumature e necessità rispetto alla lingua del testo di partenza.

Nel caso di *Der kleine Ritter Trenk und der Große Gefährliche* le illustrazioni sono importanti anche e soprattutto per aiutare il bambino, principalmente ascoltatore e di età compresa fra i cinque e i sei anni, a inquadrare visivamente il periodo storico del Medioevo, del quale con tutta probabilità non ha idea alcuna. Le illustrazioni sono quindi parte integrante del testo e come tali non possono essere trascurate, si devono percepire come un sostegno che aiuta a conferire al testo ritmo e musicalità: «an illustrated text, like a picture book, is not just a combination of words and

---

[107] R. DENTI, *I bambini leggono*, Il castoro, Milano 2012 [Torino 1978].
[108] *Ibidem*, p.113.

illustrations; it has both sound and rhythm, which can also be heard, as picture books are often read aloud to children.»[109]

Le illustrazioni hanno un carattere transculturale e con la raffigurazione delle azioni compiute dai personaggi e del loro contesto, esse sono d'aiuto al traduttore per compiere delle scelte laddove il testo, a livello puramente linguistico, può risultare ambiguo; esse evocano costruzioni le più differenti nella mente di ciascun traduttore-lettore, che crea la propria personale interazione tra parole e immagini:

> Translating books for children is interpreting both the verbal and the visual. Like any dialogue, the interaction between words and images is a construction in the reader's mind. While reading, the reader visualizes an idea of the scene, the characters, the whole setting of the story.[110]

All'inizio di ogni singolo capitolo del testo di Kirsten Boie l'illustratrice inserisce addirittura una miniatura che riassume figurativamente il contenuto di quel capitolo o che comunque ne richiama un particolare o un momento significativo, quello del Medioevo. Ogni minimo particolare viene rappresentato per arricchire e donare vivacità e colore al testo: caratterizzazione dei personaggi, le loro espressioni e i loro costumi.

Un esempio di illustrazione in particolare mi è stato d'aiuto per disambiguare quanto espresso a parole; nel capitolo 9 Trenk e Thekla si trovano all'interno di una delle grotte dei carbonai quando fa la sua apparizione il drago. Nel descrivere le aperture che servono da finestra alle capanne il narratore utilizza più di una espressione: *Fensteröffnung, Fenster, Fensterhöhle*. Nella mia traduzione, anche in base all'immagine, ho optato per la parafrasi *apertura che serviva da finestra* o semplicemente per *apertura*.

Un altro esempio riguarda l'espressione *Schwurfinger*: il gesto che si fa alzando le tre dita centrali della mano destra in segno di giuramento. in italiano non vi è una parola corrispondente che indica e non avendo dimestichezza con questo rituale mi è

---

[109] *Ibidem*.
[110] R. OITTINEN, *TC*, P. 168.

stata di grande aiuto l'immagine del capitolo 24 raffigurante gli uomini di Wertolt der Wüterich che giurano fedeltà a Trenk. Non avendo appunto l'italiano un'unica parola per esprimerlo ho dovuto ricorrere a una parafrasi e ho tradotto "[...] alzarono in alto le tre dita della mano destra in segno di giuramento", perdendo purtroppo l'effetto di immediatezza che suscita la parola in tedesco.

Importanti sono state anche le illustrazioni dei banchetti al castello Hohenlob, ma non per disambiguare qualche particolare espressione del testo, bensì per rendere la vivacità della lingua italiana scegliendo le giuste immagini di modo da suscitare quella precisa atmosfera di abbondanza e allegria.

CONCLUSIONI

Der kleine Ritter Trenk und der Große Gefährliche di Kirsten Boie mi ha offerto l'occasione di approfondire con un occhio diverso, meno superficiale e più analitico, il genere letterario dedicato all'infanzia. Il testo qui preso in esame si discosta infatti per certi versi dalla tradizionale letteratura per l'infanzia e rispecchia le nuove fiabe di stampo postmoderno: il sovvertimento dei metodi classici di narrazione attraverso descrizioni grottesche e carnevalesche che mettono in ridicolo il mondo degli adulti, per allontanare le paure e le insicurezze del mondo dell'infanzia, la rivisitazione in chiave parodica dei ruoli dei personaggi della fiaba, nonché il ricorso frequente degli interventi del narratore onnisciente.

Per quanto non lo si possa definire un romanzo storico per l'infanzia, il testo della Boie è collocato nel tempo passato, all'epoca del Medioevo, e questa dimensione influenza lo svolgimento degli eventi, calati in un ambiente e in un'atmosfera tipici. Il rifarsi a un periodo storico serve anche a sottolineare e a marcare la novità del sovvertimento dei ruoli e delle gerarchie sociali, presentate sotto la lente d'ingrandimento del *Witz*. Fiaba e storia si compenetrano e si influenzano dando vita a quello che John R. R. Tolkien chiama Mondo Secondario, all'interno del quale tutto può essere "vero" e credibile se coerente con le leggi di quel mondo, nel quale un figlio di contadino può sedere al tavolo con il principe e i cavalieri più rinomati, può addomesticare un drago e diventare cavaliere; un personaggio con cui il bambino lettore o ascoltatore si possa identificare e fare suo il coraggio di quel piccolo "eroe", aiutato da un maialino e dalla sua migliore amica, anch'ella aspirante cavaliere, di nome Thekla.

L'analisi testuale, supportata dagli studi di cui mi sono avvalsa e sviluppata in parallelo all'atto traduttivo, mi ha guidata nella traduzione e ha fatto sì che acquisissi maggior consapevolezza delle scelte linguistiche attuate. Infatti, il testo, seppur di facile e immediata comprensione, ha generato più di una problematica traduttiva per lo più riguardante la resa della sua funzione comunicativa che trova la sua maggior

101

espressione negli interventi del narratore, che rispecchiano il forte ruolo che ricopre Kirsten Boie nel rapporto dialogico tra testo e lettore in un contatto continuo dovuto alla necessità di una comunicazione costante con i suoi lettori; l'autrice, oltrepassando i confini della narrazione, consegna i suoi pensieri alla voce del narratore. Dovendo ricreare in italiano le stesse sensazioni e le stesse atmosfere suscitate nel testo di partenza, nonché il ritmo narrativo, ho omologato, pur rimanendo fedele al testo di partenza, aspetti della sintassi, come la coordinazione, la punteggiatura, e le espressioni. Invece, per collocare il lettore in un'atmosfera indefinita, in un tempo remoto, è stato necessario straniare il testo d'arrivo e mantenere il più possibile il rapporto con il testo di partenza, non solo perché narra di vicende lontane al lettore, ma più banalmente perché scritto in una cultura e in una lingua differenti dall'italiano.

BIBLIOGRAFIA PRIMARIA

K. BOIE, *Der kleine Ritter Trenk*, Oetinger, Hamburg 2006.

K. BOIE, *Der kleine Ritter Trenk und das Schwein der Weisen*, Oetinger, Hamburg 2012.

K. BOIE, *Der kleine Ritter Trenk und der gemeine Zahnwurm*, Oetinger, Hamburg 2013.

K. BOIE, *Der kleine Ritter Trenk und der Große Gefährliche,* Oetinger, Hamburg 2011.

K. BOIE, *Der kleine Ritter Trenk und fast das ganzen Leben im Mittelalter*, Oetinger, Hamburg 2012.

K. BOIE, *Der kleine Ritter Trenk und der Turmbau zu Babel*, Oetinger, Hamburg 2013.

K. BOIE, *Frag doch einfach das Kind in dir. Kirsten Boie verabschiedet sich von Astrid Lindgren: "Sie war die Meisterin der Poesie des Einfachen"*, Feuilleton, in Die Welt, 02.02.2002.

K. BOIE, *Ich glaube an den Apfel. Bücher können Weichen stellen und Meinungen festlegen – oder etwa nicht? Eine Betrachtung von Kirsten Boie*, (Beilage „Kinder, Kinder!"), in Frankfurter Rundschau, Frankfurt am Main, 28.03.1995.

K. BOIE, *Kinder brauchen Bilderbücher*, in Die Welt, 29.11.2005.

K. BOIE, *Kirsten Boie erzählt von Angsthaben*, Oetinger, Hamburg 1992.

K. BOIE, *Mit Kindern redet ja keiner*, Fischer Schatzinsel, Frankfurt am Main 1990.

K. BOIE, *So viel Größenwahn muss sein! Kann Kinderliteratur die Welt verändern?*, Oetinger, Wien 2002.

K. BOIE, *Wir sollten den Kindern dabei helfen, zu Lesern zu werden! Zur besonderen Bedeutung der Erstlesebücher*, Buchhänler-Seminar, Hamburg 2001.

BIBLIOGRAFIA SECONDARIA

M. BACHTIN, *L'opera di Rabelais e la cultura popolare. Riso, carnevale e festa nella tradizione medievale e rinascimentale*, Einaudi, Torino 1995 [1979].

B. BETTELHEIM, *Il mondo incantato. Uso, importanza e significati psicoanalitici della fiaba*, Feltrinelli, Milano 1979 [1977].

P. BOERO – C. DE LUCA, *La letteratura per l'infanzia*, Manuali Laterza, Roma/Bari 1995.

B. DANKERT, *Leidenschaft und Disziplin. Kirsten Boies Kinder- und Jugendbücher 1985-2010*, Bibspider, Berlin 2010.

R. DENTI, *I bambini leggono*, Il Castoro, Milano 2012.

J. ECCLESHARE, *A Guide to the Harry Potter Novels*, Continuum, London/New York 2002.

U. ECO, *Dire quasi la stessa cosa. Esperienze di traduzione*, Tascabili Bompiani, Milano 2010 [2003].

M. FOSCHI ALBERT, *Il profilo stilistico del testo. Guida al confronto intertestuale e interculturale (tedesco e italiano)*, Plus, Pisa 2009.

P. HUNT, "*A subject for the New Millenium: Children's Literature*", in L. TOSI, *Hearts of Lightness: the Magic of Children's Literature*, Venezia, Cafoscarina 2001.

J. LEVY, *La traduzione come processo decisionale*, in S. NEERGARD (a cura di), *La teoria della traduzione nella storia*, Bompiani, Milano 1993.

R. V. MERLETTI, G. PALADIN, *Libro fammi grande. Leggere nell'infanzia*, Idest, Campi Bisenzio 2012.

R. OITTINEN, *Translating for children*, Garland, New York 2000.

F. ORESTANO (a cura di), *Tempi moderni nella children's Literature: storie, personaggi, strumenti critici*, CUEM, Milano 2007.

V. JA. PROPP, *Morfologia della fiaba*, Einaudi, Torino 1988 [1966].

L. SALMON, *Teoria della Traduzione. Storia, Scienza, Professione*, Vallardi, Milano 2003.

J. STEPHENS, *Language and Ideology in children's fiction*, Longman, London 1992.

J. R. R. TOLKIEN, *Il Medioevo e il fantastico*, Bompiani, Milano 2003.

J. R. R. TOLKIEN, *Tree and Leaf*, Houghton Mifflin, Boston 1965.

SITOGRAFIA

http://www.dienneti.it/dizionari/dizionari_bambini.htm (20.01.2014)

Tradurre libri per bambini, http://www.traduzione-testi.com (01.12. 2013)

http://www.kirsten-boie.de (20.01.2014)

K. BOIE, *Kinderfiguren im Wandel. Ein Werkstattbericht*, 2007, http://kisten-boie.de/material/reden-aufsaetze/kinderfiguren-werkstattbericht.pdf (20.01.2014)

K. BOIE, *Der kleine Ritter Trenk*, 2006, http://kirstenboie.de/kirsten-boie-interviews.de (20.01.2014)

http://www.schallplattenkritik.de (12.12.2013)

Printed in Great Britain
by Amazon